JN271427

災害・事件後の
子どもの心理支援

システムの構築と実践の指針

冨永良喜

創元社

はじめに

　本書は、災害・事件後の子どもの心理支援の理論と方法をとりまとめたものである。

　1995年の阪神淡路大震災、1997年の神戸児童連続殺傷事件、その当時の心のケア活動は試行錯誤の日々であった。「心のケア」という用語は、阪神淡路大震災を契機に、わが国ではマスメディアを通じて流布されるようになった。「ケア」には「世話」という意味があり、心のケアは「他者が傷ついた人を世話すること」と考えられがちだが、「心のケア」の本質は「被災された方自身が、傷ついた心を主体的に自分でケアできるように、他者がサポートすること」である。つまり、自らの回復力・自己治癒能力を最大限に引き出す「セルフケア」への支援が「心のケア」なのである。そのため、本書のタイトルを、「子どもの心のケア」ではなく「子どもの心理支援」とした。

　災害や事件事故などで、自分が死ぬかもしれないという経験をした、ないし、身近な大切な人が突然亡くなったという経験をすれば、そのあとにさまざまな心身反応があらわれる。それらは、「異常事態における正常な反応」であり、多くの人は時間的経過とともに、それらの反応をおさめていく自己回復力を備えている。しかし、一部、日常生活が阻害されるほどの心身反応を持続させ、専門的治療や心理療法が必要となる場合がある。災害・事件後の心理支援は、自己回復力を促進する営みである。また、仮にストレス障害となっても、適切な専門機関でサポートを受けることで回復するとの知識を伝えることでもある。

　そして、2004年10月の台風23号豪雨災害、新潟県中越地震、2004年12月のインド洋大津波、2008年5月の四川大地震、そして2011年3月の東日本大震災、さまざまな災害と事件・事故後の支援に携わり、海外の手法と理論も参考にしながら、アジア独自の災害後の心理支援のあり方を模索していった。本書では、第2章から第6章で、災害・事件後の心理支援の実際を記載し、第1章と第7章において、わが国における心理支援モデルを提案している。

　西欧の心理支援の理論と方法は、この20年の間に大きな変化があった。それ

は、被災体験（被害体験）の表現をめぐる見解の転換であった。1995年当時は「できるだけ早く恐怖体験を表現すればストレス障害を予防できる」と考えられていた。その後、被災体験の表現を早期に強いることは誤りであり、急性期には安全安心の確立や情報提供が基本的な支援であると考えられるようになった。西欧のPTSDの治療ガイドラインにはトラウマ体験の表現が含まれているが、被災したすべての人への西欧のガイドラインには被災体験の表現は含まれていない。また、防災教育の記載もない。さらに、アメリカとわが国では、教師の役割が異なる。本書で提案しているモデルは教師とカウンセラーが協働で行うものであり、心理支援チームのみが支援にあたるという西欧のモデルと異なる。

　また3段階心理支援モデルは、災害・事件の急性期では日常の健康観察とストレスマネジメントを、6か月以降（事件では約3週間後）にはトラウマ反応のチェックリストとストレスマネジメントと心理教育を、1年目を迎えるころには1年を振り返る表現活動（事件では追悼の喪の作業）を行い、それぞれに個別教育相談を実施するというモデルである。それは、あくまでモデルである。「こうやらなければならない」と強く思うと、苦しんで回避している人たちの声を聴けなくなる。

　モデルを個別の事案にあてはめるのではなく、個別の事案のよりよい支援のために、モデルはあくまで参考に留めてほしい。災害や事件後に苦しみ続ける子どもたちにとって、教師やカウンセラーのかかわりで、毎日の生活がわずかでもよい方向へ変化する契機となることに、本書がわずかでも貢献できれば幸いである。

　　2013年11月

　　　　　　　　　　　　　　　　　　　　　　　　　　　　　冨永良喜

目 次

はじめに ……………………………………………………………………… i

第1章 災害・事件後の心理支援の歴史と課題

第1節　はじめに ……………………………………………………………… 3
第2節　わが国の災害・事件後の心理支援のはじまり ……………………… 6
第3節　ストレス理論からみた災害・事故・事件などの出来事と心身反応 …… 7
第4節　ストレスマネジメントとストレスマネジメント教育 ……………… 14
第5節　わが国における学校危機での心理支援モデル
　　　　── 福岡モデルと兵庫モデル ……………………………………… 18
第6節　ハリケーン・カトリーナ後の子どもの心理支援 …………………… 21
第7節　海外の災害紛争後の心理支援モデル ………………………………… 22
第8節　わが国における災害・事件後の心理支援モデルの提案 …………… 23
第9節　教師とカウンセラー協働による災害・事件後3段階心理支援
　　　　モデルの提案 ……………………………………………………… 29
第10節　本書の目的 …………………………………………………………… 31

第2章 阪神淡路大震災と神戸児童連続殺傷事件後の心理支援の実践

第1節　阪神淡路大震災後の動作法による被災者への心理支援 …………… 33
第2節　神戸児童連続殺傷事件後の心理支援 ………………………………… 37

第3章 台風23号豪雨災害後とインド洋大津波後の心理支援と心理教育のためのトラウマ・ストレス尺度

第1節 台風23号豪雨災害後の心理支援と心理教育のための
　　　　トラウマ・ストレス尺度 …………………………………………… 45
第2節 インド洋大津波後の心理支援プログラムの実践 ………………… 52

第4章 中国・四川大地震後の専門家支援研修

第1節 日本心理臨床学会派遣による四川大地震後の中国専門家
　　　　支援研修会 ………………………………………………………… 64
第2節 四川大地震JICAこころのケア人材育成プロジェクト ………… 75

第5章 小学生殺害事件後の心理支援

第1節 事件の概要 ………………………………………………………… 87
第2節 心のケアの方針 …………………………………………………… 88
第3節 心のケアの実際 …………………………………………………… 89
第4節 アンケートの分析 ………………………………………………… 94
第5節 考察 ………………………………………………………………… 104

第 6 章 東日本大震災後の子どもの心理支援システム

第 1 節　災害後の心理支援モデルと「心とからだの健康観察」の作成 …… 108
第 2 節　こころのサポート授業で活用する「心とからだの健康観察(31項目版)」
　　　　の妥当性・信頼性の検討 ……………………………………………… 116
第 3 節　大規模災害後の子どものこころのサポート授業 ……………………… 128

第 7 章 災害・事件後の子どもの心理支援システム構築の考察

第 1 節　災害・事件後の 3 段階心理支援モデルについて …………………… 139
第 2 節　災害後の心理アセスメントについての考察 ………………………… 154
第 3 節　今後の課題 ……………………………………………………………… 157
第 4 節　結語 ……………………………………………………………………… 159

付記 …………………………………………………………………………………… 162
あとがき ……………………………………………………………………………… 163
参考文献 ……………………………………………………………………………… 166
〔付録〕心とからだの健康観察（31項目版）………………………………………… 174

造本……鷺草デザイン事務所＋東 浩美
編集協力……原 章（編集工房レイヴン）

災害・事件後の子どもの心理支援

システムの構築と実践の指針

第 1 章
災害・事件後の心理支援の歴史と課題

第1節 はじめに

　日本は4つのプレートの上にあるため世界でも有数の地震国である。また、地球温暖化が気象変化をもたらしているため大型台風や豪雨災害が近年多発している。災害は身体的・物理的打撃のみならず心理的打撃を個人・家族・コミュニティにもたらす。

　災害や事故・事件などの危機後の心理的支援は，Lindemann（1944）によるココナッツ・グローブ大火災（1942）の遺族や負傷者への取り組みが端緒といわれている。彼は、遺族が悲嘆をうまく通過するための心理的支援についてまとめている。その後、Raphael（1986/1989）は、災害が及ぼす心身への影響と被災者の回復に必要な体験を体系的に記述し、被災社会に新たな力が生まれたり、よりよき未来への展望が開けることもあると述べている。

　災害や事件後の被災者・被害者への心理支援の重要性が認識されるようになり、その心理支援の方法がモデル化され提案されていった。まず登場したのが、Mitchell（1983）による心理的ディブリーフィング（Psychological Debriefing）である。それは、導入、事実、思考、反応、症状、教育、再入の7段階からなり、できるだけ早期に外傷的出来事を語らせ、それに伴う感情を吐き出すことで、ストレス障害を予防できると考えた。

　しかし、その後、2001年の9.11同時多発テロを境に、ディブリーフィングは否定され、変わって、心理的応急法（PFA: Psychological first aid：National Child Traumatic Stress Network and National Center for PTSD, 2006/2011）が登場し今日に至っている。PFAでは、安全を確保し、情報を集め、心身反応への対処の方法と知識を与えることで、自己回復力を妨げない試みが推奨されている。また、デ

ィブリーフィングで強調された「被災体験の開示を求めるかかわり」は、「やってはいけない」とされている。一方、PTSD（Post Traumatic Stress Disorder：外傷後ストレス障害）の治療法に関しては、1990年代後半からランダム化比較試験により長時間エクスポージャー療法（Foa, Hembree, & Rothbaum, 2007）やEMDR（Shapiro, 1995）の有効性が証明され、英国のNICEガイドラインでは、すべてのPTSD患者に対して適切な訓練を受けた能力のある治療者によってトラウマ焦点化心理治療（トラウマ焦点化認知行動療法やEMDR）が実施されなければならないとされている（飛鳥井, 2008）。

　災害・事件後の子どもの心理支援の課題として、理論と方法と人的システムの3つが考えられる。Fig.1-1に、災害・事件後の子どもの心理支援システムの理論と方法と人的システムについての3つの視点をとりまとめ図示した。

　第1は、被災（被害）体験の表現をどう取り扱うかという理論的な課題である。PTSDの治療においては、被災（被害）体験の表現が重要なコンポーネントとして位置づけられている。そのため、急性期のみならず中長期に、被災（被害）体験の表現をどう取り扱うかといったテーマを中心とした災害・事件後の心理支援の理論の構築が第1の課題である。事件の場合、被害体験の開示は、犯人逮捕につながる重要な心理的作業であると同時に、被害体験を語ることに苦痛が伴う。

　次に、災害・事件後の心理支援の理論に基づいた具体的な方法の構築が求められる。PFAは急性期のモデルであるが、その方法は、主に言語的コミュニケーションに依拠している。また、災害は長期にわたり被災者の人生に影響を及ぼす。そのため、長期の心理支援の方法の確立と、長期支援を視野にいれた急性期における支援の方法を構築しなければならない。このように災害・事件後の心理支援における方法の構築が第2の課題である。

　第3に、心理支援の人的システムの課題がある。被災は広域にわたる。また、西欧とアジアでは、心理支援の人的資源の質も量も異なる。わが国においては西欧に比べ心理支援の専門家は少数である。またアメリカでは、スクールカウンセラーは週3日以上勤務しているが、わが国では週に1日わずか6時間の勤務体系である。また、教師の役割も異なる。教科指導のみを行うアメリカと部活動の指導や教育相談も行う日本では、教師の意識も役割も異なる。そこで、ど

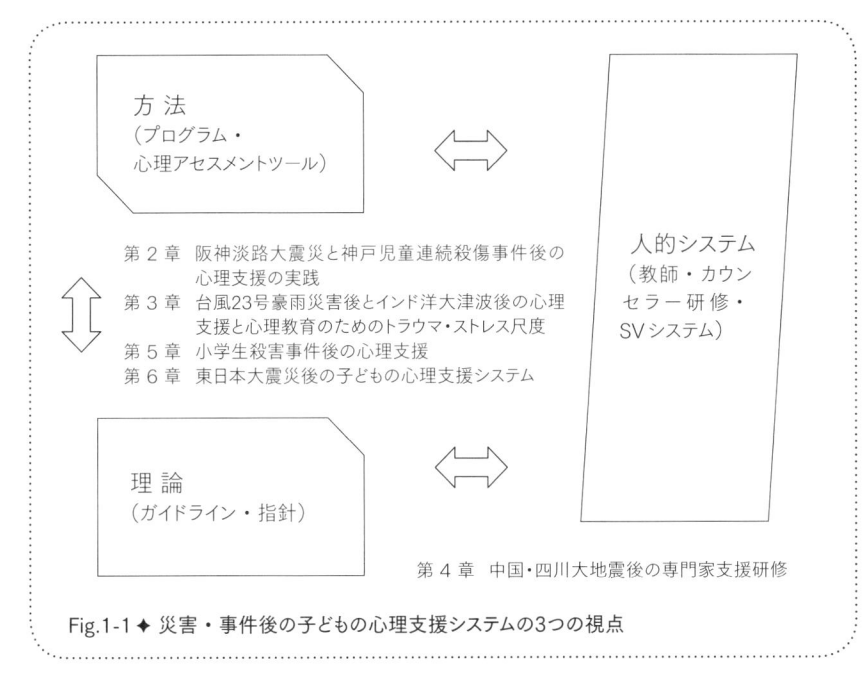

```
┌─────────────────────┐                    ┌──────────────┐
│ 方法                │                    │              │
│ (プログラム・       │      ⇔            │ 人的システム │
│  心理アセスメントツール)│                │ (教師・カウン│
└─────────────────────┘                    │  セラー研修・│
                                           │  SVシステム) │
    ⇕    第2章 阪神淡路大震災と神戸児童連続殺傷事件後の   │              │
         　　  心理支援の実践                              │              │
         第3章 台風23号豪雨災害後とインド洋大津波後の心理  │              │
         　　  支援と心理教育のためのトラウマ・ストレス尺度 │              │
         第5章 小学生殺害事件後の心理支援                  │              │
         第6章 東日本大震災後の子どもの心理支援システム    │              │
┌─────────────────────┐                    │              │
│ 理 論               │      ⇔            │              │
│ (ガイドライン・指針)│                    │              │
└─────────────────────┘                    └──────────────┘
                      第4章 中国・四川大地震後の専門家支援研修
```

Fig.1-1 ◆ 災害・事件後の子どもの心理支援システムの3つの視点

のような研修を誰にどのように進めていくかが第3の課題となる。

　本書では、阪神淡路大震災、神戸児童連続殺傷事件、台風23号豪雨災害、インド洋大津波、四川大地震、小学生殺害事件、東日本大震災後の子どもの心理支援の心理臨床の実践から、災害・事件後の子どもの心理支援に関する理論と方法と人的システムをあきらかにし、わが国の災害・事件後の心理支援のモデルを提案することを目的とする。

　はじめに、災害・事件後の心理支援モデルを提案するが、それらのモデルは、東日本大震災以前のさまざまな災害や事件や自殺後の心理支援活動の実践によって徐々に構築されていったものである。それらは、西欧のモデルを参考にしながらも、被災者・被害者にとって適切でないと判断したときは、西欧のモデルを採用せず、わが国やアジアの文化と人的システムを考慮して構築していった。1995年の阪神淡路大震災以来、筆者がかかわってきた災害・事件後の心理支援を通して、それらのモデル化が徐々に構築されていったことをはじめに述べておきたい。

第2節　わが国の災害・事件後の心理支援のはじまり

　わが国における災害後の心理的支援に関する研究は、藤森・藤森・山本（1996）にみられる北海道南西沖地震（1993年7月12日）後の被災者の心理的反応の調査とその支援が端緒であろう。

　そして1995年1月17日に発生した阪神淡路大震災後に、マスメディアを通じて「心のケア」が叫ばれ、わが国の歴史上初めて災害後の被災者への心理支援が注目された。1995年6月に年間3億円の政府の事業として「こころのケアセンター」が開設され、わが国において災害後に組織的な精神保健活動の取り組みがはじめて行われ、多くの臨床心理士がそのセンターで活動した。1995年当時、ディブリーフィングが、災害・事件後の被災者被害者支援のモデルとして提案され、運動として展開されていた。米国は、1994年1月17日にカリフォルニア・ノースリッジ地震を経験していた。ノースリッジ地震の死者数は57名であり、被害状況は、阪神淡路大震災とは大きく異なる災害であった。アメリカの精神保健のチームは、来日し、ディブリーフィングを推奨した。このディブリーフィングの推奨は、被災した子どもたちに「できるだけはやく恐怖体験を語らせ表現させること」が心のケアとして望ましい体験であるとのメッセージとなった。多くの教師が学校再開後に、被災体験の作文や絵を描かせることに取り組んだ。この取り組みの可否についての十分な調査研究はないが、教師も被災者であり、子どもの被災体験の表現を抱えきれずに苦しんだと教師研修会で語られていた。

　一方、教育の分野では、スクールカウンセラー事業がはじまったのが1995年である。1994年11月に発生したいじめを苦にした中学生の自殺を受け、また、不登校の対応として、文部省がスクールカウンセラー調査活用事業を予定していた。被災地である兵庫県には、他府県よりも多くのスクールカウンセラーが災害後の子どもの心のケアに従事するために配置された。阪神淡路大震災の発生時期は、わが国が高度経済成長を経てバブル経済が崩壊した時期であり、自殺、虐待の増加といった精神の課題を抱える状況の中での出来事であった。

　このように「心のケア」は時代の要請であったが、その具体的な方法は乏し

く、「心のケア」活動は困難を極めた。避難所に設置された「心のケア相談室」に訪れる被災者は少なく、試行錯誤の活動が展開された（兵庫県臨床心理士会，1997；河合, 1996）。

第3節　ストレス理論からみた災害・事故・事件などの出来事と心身反応

1　災害・事故・事件などの出来事について

　災害（disaster）とは、「地震・台風などの自然現象や事故・火事・伝染病などによって受ける思わぬわざわい」（大辞林）であり、「多くの場合、自然現象に起因する自然災害（天災）を指すが、人為的な原因による事故（人災）も災害に含むことがある」（wikipedia）。自然災害（natural disaster）には、台風災害、竜巻、地震、津波などがある。

　事故（accident）とは、「思いがけず生じた悪い出来事」（大辞林）であり、「予期していなかったのに、人のからだが傷ついたり生命が失われたり、あるいは物が損傷したり財産に損害が発生するような出来事のことである」（wikipedia）。痛ましい事故は、人為災害（man-made disaster）や惨事とも呼ばれ、列車事故、航空機事故、重油流出事故、原子力発電所事故などがある。

　事件（affair、case、event、incident）とは、「1　世間が話題にするような出来事。問題となる出来事、2　「訴訟事件」の略」（大辞林）であり、本来は犯罪性を示す用語ではないが、多くは2の意味で用いられている。性犯罪事件、暴行傷害事件、恐喝事件と多様である。

　虐待（abuse）は「むごい扱いをすること」（大辞林）であり、「自分の保護下にある者（ヒト、動物等）に対し、長期間にわたって暴力をふるったり、日常的にいやがらせや無視をするなどの行為を行うことを言う」（wikipedia）。すなわち、虐待は本来は保護すべき対象に信頼されるべき対象が繰り返す暴力といえる。

　このように、災害・事故・事件・虐待は、からだを傷つける、生命を亡くす、物を損壊するなど害を与える出来事である。そして、出来事の結果、それまで存在していた物や人が亡くなることは「喪失（loss）」であり、命を脅かされる

ことは「トラウマ（trauma）」といわれている。

2　ストレス理論からみた出来事が及ぼす心身への影響と対応

　出来事が心身に与える影響と対応については、動物や人を対象とした実験・臨床実践・調査研究の結果から、ストレス理論およびストレスマネジメント理論として構築されてきた。Selye（1936）は、寒冷などの劣悪環境から疾患にいたるプロセスを明らかにし、一群の疾患を汎適応症候群（General Adaptation Syndrome）と呼び、人間の身体器官が劣悪環境に抵抗しようとフル回転している状態を工学での用語であるストレス（stress）を用い、劣悪環境にストレッサー（stressor）という用語をあてた（小杉, 2002）。そしてストレッサーによって喚起される心身反応をストレス反応（stress reaction）と呼んだ。すなわち、ストレッサーの内容が異なっても現われる心身反応は共通のものであり、それを汎適応症候群と呼んだのである。

　環境や出来事の内容が異なっても現われる心身反応は共通したものがある一方、試合や試験やケンカという出来事である日常ストレッサーか、命を脅かす出来事であるトラウマ・ストレッサーか、大切な人や物を失う出来事である喪失ストレッサーかによって、その心身反応のあらわれ方は異なる。

　子どもを取り巻く日常的なストレッサーは、主として、緊張や不安といったストレス反応を引き起こす。Tab.1-1にストレッサーとストレス反応との対応を示している。ストレス反応については代表的な反応を記載している。たとえば、試合や試験といったプレッシャーには、緊張や不安があるが、イライラや抑うつもみられるかもしれない。命を脅かす出来事（トラウマ・ストレッサー）であれば、トラウマ反応（traumatic response）が生じる。トラウマ記憶の内容はトラウマ・ストレッサーによって異なるが、その機序は共通しており、過覚醒、再体験、回避マヒの3つの反応から構成される（American Psychiatric Association, 2000/2003：DSM-Ⅳ-TR）。たとえば、津波が町を襲う光景が脳裏に焼き付いて、後にフラッシュバックなどの再体験反応を引き起こす。フラッシュバックが起きないように「本来は安全な刺激（トリガー）」を回避すると考えられており、回避反応は対処の一面を持っている。DSM-Ⅴでは、自責感などの否定的認知（negative cognition）が1つのカテゴリーを構成することになっている。

Tab.1-1 ✦ ストレッサーとストレス反応とストレス障害および成長の関連

ストレッサー	ストレス反応		ストレス障害	成長
日常のストレッサー ①プレッシャー（試験・試合・発表） ②人間関係（ケンカ・叱責など） ③いじめ（トラウマストレッサーと類似）	⇨	緊張・不安 イライラ・怒り トラウマ反応／トラウマ様反応	身体反応（不眠・食欲低下・消化器系不調・頭痛・頭重など）	不安障害 (PTSD 社会不安障害 全般性不安障害)	トラウマ後成長（他者との親密性・新たな可能性・強さ・スピリチュアル・人生の感謝）
災害後の日常ストレッサー （避難所・仮設住宅・転居など）	⇨	イライラ・怒り		(反社会的行動)	
トラウマストレッサー 災害・事故・事件・虐待など命を脅かす出来事	⇨	過覚醒・再体験・回避マヒ 否定的認知（自責感、サバイバーギルト、無力感、孤立無援感など） 怒り		身体表現性障害（心身症）	
低線量放射線	⇨	不安・怒り			
喪失 （災害・事故・事件による愛する人の突然の死／家屋などものの喪失） （あいまいな喪失／行方不明・放射線による家屋喪失）	⇨	悲嘆 抑うつ		外傷性悲嘆 うつ (自殺)	
自然性⇔人為性・故意性 （自然災害・人為災害・事故・事件・虐待）	⇔	無力感⇔怒り		解離性同一性障害	
苦痛度→高	⇨	回避→マヒ→解離		複雑性PTSD	

災害・事故・事件によって命やものを失うとき、喪失反応（loss response）が生じる。大切な人を亡くした後に起こる心身反応を悲嘆反応（grief response）と呼んでいる。通常、時間の経過によって反応が変化する。数週間から数か月の間は「急性期」、その後は「慢性期」の経過を辿り、少しずつ回復が見られるが、この悲嘆反応が長期化する場合を複雑性悲嘆（complicated grief；Prigerson, Bierhals, et al., 1997）という。

　一方、災害・事故・事件などの出来事は日常生活を一変させる。災害・事件後の日常ストレッサーである。避難所生活、仮設住宅での生活、転校、そして、住宅再建や転居などの意見の相違による両親のケンカ、親のアルコール依存、親の失業によるイライラなど二次的な生活ストレスが子どもに影響を及ぼす。重大事件では、メディアスクラムが事件後の日常ストレッサーになる。

　ストレス反応が強く持続し生活を阻害するときにストレス障害に移行する。一方、トラウマ体験は、ストレス障害だけでなく成長をもたらすことが指摘されており、トラウマ後成長（Post Traumatic Growth; Tedeschi & Calhoun, 1996）と呼ばれている。

　また人為災害や惨事によって起こるストレスを惨事ストレス（critical incident stress）と呼んでいる。

　要約すると、喪失は「悲しみ」を、トラウマは「恐怖」を、出来事の原因が人に帰属されるときは、その人への「怒り」を生じる傾向にある。

　また、原子力発電所の事故や津波による家族の行方不明は、あいまいな喪失（ambiguous loss：Boss, 1999/2005）をもたらしている。あいまいな喪失には2つのタイプがあり、Type 1 は、「心理的には存在しているが身体的物理的には存在しない状況で、さよならのない別れ（Leaving without Goodbye）」であり、失踪や行方不明であり、津波で家族が発見されないのはこれに該当する。Type 2 は、「身体的物理的には存在しているが心理的には存在しない状況で、別れのないさよなら（Goodbye without Leaving）」であり、認知症になった家族、事故で高次機能障害になった家族などが該当する。被ばくによる野山はこのType 2 に該当する。そこに野山はあるが、以前の野山ではない。あいまいな喪失は、「あるがない」、「いないがいる」という葛藤を引き起こし、それは、個人の中だけでなく、家族、コミュニティを心理的に分断してしまう。

3　災害と人の責任 ── 怒りと自責感とサバイバルギルト

　自然災害と事件・事故・虐待のストレス反応の相違は「怒り」であろう。虐待を受けた子どもは激しい怒り（huge）を抱える傾向にある。一方、自然災害でも人の責任が問われることがある。地震は、家屋の倒壊が人命を奪うため、耐震化などの防災体制が問われる。津波は、地震発生から数十分の時間があるため避難行動が生死を分ける。すなわち、災害においても人の責任が問題となることがあり、「怒り」が自分に向かうときに自責感が、他者に向かうときに他罰感情が生じる。

　台風9号豪雨災害（2009年8月：兵庫県内で21名死亡、1名行方不明）では、佐用町の避難勧告が遅れたうえ、2階への避難が適切であったにもかかわらず屋外避難を勧告し濁流に呑まれて死亡か行方不明になったと損害賠償訴訟を遺族が起こしている。また、ニュージーランド地震（2011年2月22日：カンタベリーTV局ビルが倒壊し日本人28名を含む115名が死亡）では、カンタベリー地震王立委員会は、ビルの倒壊は不適切な設計と施工にあると結論した。

　刑事事件においては、警察・司法が事実解明にあたるが、災害やいじめを苦にした自殺では、第三者の専門家により構成される「事実調査委員会」を設置して、「心のケア委員会」と「事実調査委員会」の両輪で、事後対応にあたる必要がある。

　生き残った者の罪悪感（survival gilt）は、ストレス障害の要因になる。家族を亡くした者にもみられるが、被災しなかった人も抱える傾向にあり、被害が少ない者へも心理支援が必要なのはこのためである。子どもの場合、因果が成り立たない原因に帰属する誤帰属（misattribution）が、自責感を生むことがある。たとえば、小学5年生の男子が、ご飯に箸を立てていたところ、「死人にすることや」と親から叱られた。そして次の日地震が起き、父が亡くなった。ずっと「あんないたずらをしたから、父が亡くなった」と思っていたと妻になった人にはじめて語った（NHK「あさイチ」, 2013年1月17日放送）といった現象である。そのため、自責感をつぶやきとして他者に開き、その思いを受けとめてもらう体験をした後に、その自責感を修正・払しょくするかかわりが必要になる。

4　さまざまな出来事と心身反応やPTSDの推移

　災害や事件や性被害といった出来事の相違によって、PTSDの有病率がどのように異なるかについては、Kessler et al. (1995)の全米での調査がある。拉致監禁が最も高く54％、次いで、レイプ49％、重傷殴打32％、レイプ以外の性被害24％、と続き、自然災害は4％であった。このデータは、語りがたい出来事ほどPTSDの有病率が高いことを示している。また、米国はアジアに比べて人の喪失を伴う災害は少ないため、家族や親密な人の喪失を伴う場合のデータは今後の課題である。

　また、災害は、重層的な心身反応を引き起こし、長期にわたって重なり合うようにストレスが襲いかかっていく。兵庫県教育委員会は、児童生徒へのアンケート、保護者へのアンケート、教師の日常的観察を参考に、1996年から毎年、個別に配慮を要する児童生徒数を報告した。被災直後の「震災の恐怖」といったトラウマ反応から、4年目以降は「家族・友人関係の変化」「住環境の変化」「経済環境の変化」などの二次的な生活ストレスから来る心身の不調が、児童生徒へ大きな影響を与えていることが報告されている（兵庫県教育委員会，2005）。そのため復興や経済的支援が災害後には特に重要であることをこのデータは示している。

5　事例からみた体験の特性と心身反応およびストレス障害との関連について

　出来事について、その出来事の原因が「自然－人為」、出来事の頻度が「単発－反復」、出来事の持続が「持続－終結」の視点から分類できる。虐待は繰り返し行われることがほとんどであり、災害や事件は単回性が多い。また、犯人が未逮捕や放射線被ばくが持続していると、トラウマ体験が終結していない。すなわち、ポスト・トラウマではなく、イン・トラウマである。今まさに虐待を受けている子どもには、ポスト・トラウマティック・セラピーではなく、虐待をとめる介入が必要である。低線量被ばくには、除染の対策が必要である。Tab.1-2は、体験の特性（喪失・トラウマ、終結／持続、単回／反復、反復可能性、生活変化）と心身反応との関連を事例をあげて整理したものである。事例は、筆者が直接あるいは間接にかかわってきた事例をモデルにしているが、体験内容に

Tab.1-2 ◆ 事例からみた出来事と体験の特性（喪失・トラウマ、終結／持続、単回／反復など）と心身反応との関連

出来事		出来事の例	喪失体験	出来事と反応	終結／持続	単回か反復か	反復可能性	出来事後の生活変化	心身反応	その他
災害	地震	中学1年時、家屋全壊。隣に寝ていた中3の姉を亡くす。その後、大学に進学して、PTSDを発症。家族や友人の支援と専門的治療カウンセリングにて回復	家族の喪失／家屋の喪失	強い回避（震災・姉について10年間語らず）と自責感	終結	単回	極めて低い	転校によるストレス	10年後PTSD、回復	臨床心理士として活動
	台風豪雨災害	中2女児、台風豪雨災害にて、河川が決壊し、床上浸水、2階に避難して無事。幼稚園児のとき阪神淡路大震災で家屋被災	車・冷蔵庫の喪失	豪雨の音・水位の上昇。幼児期の地震の揺れ	終結	反復	低い	一時避難所生活、家屋復旧後前の生活	強いトラウマ反応・短期で回復	教師の職をえている
	地震	3歳女児。地震による家屋倒壊で父を亡くす	家族の喪失／家屋の喪失		終結	単回	極めて低い	同じ境遇の友だちとの分かちあい	小学低学年まで狭いところと暗闇が怖く、フラッシュバックしていた	父の好きだった趣味を楽しんでいる
	地震津波	小4女児、地震後の津波により自宅にいた父母1ヶ月後死亡確認。本児は学校の避難行動で無事。祖母宅で養育	両親の喪失／家屋の喪失	地震の揺れ、避難場所で過ごした時間。両親の遺体の目撃	終結	単回	極めて低い	避難所・祖母宅養育・転校	発災から3ヶ月後、保健室登校、その後、教室復帰	PTSD後に回復
事件	殺人事件	小学2年生女児、親友が何者かに殺害、犯人未逮捕。その場面を目撃はしていない	親友の喪失	伝聞	持続	単回	少有	ない／登下校の警護	喪失反応／襲われる恐怖	症状化しなかった
事件	自殺	高校2年男子、親友の飛び降り自殺。クラスメイトの打撃	親友の喪失	伝聞	終結	単回	極めて低い	チームで3週間後に、こころの授業実施	友の喪失／勉強に集中できない、身体反応など	症状化しなかった
虐待	性犯罪	小学2年、4年姉妹の性被害。水道職員を装い、家屋に侵入、性器をさわるなどの行為、2週間後逮捕される		性犯罪行為の被害	終結	単回	低い	親が法廷で証言	トラウマ反応、特に事件にあった部屋を回避	部分PTSD後に回復
	性虐待	高校3年生、父親による性虐待。告訴せず		性虐待の行為	終結？	反復	有る		トラウマ反応	DID・PTSD・うつ・心身症
	DV	高校2年の弟と大学1年の姉。父親による母親への暴力。母は子どもを連れて別居。姉弟の絶え間ないケンカ		父親の母への暴力の目撃	終結	反復	低い	法廷での証言	姉は回避、弟は父親のようになるのではとの不安	部分PTSD・不安・ケンカ

ついてはプライバシー保護のため一部改変している。

第4節　ストレスマネジメントとストレスマネジメント教育

1　ラザルスとフォルクマンの心理社会的ストレスモデル

　Lazarus & Folkman（1984）は、人間関係のストレッサーなど心理社会的ストレスに注目し、ストレスを「たんなる反応でもなく、それを引き起こす刺激でもなく、生体と環境との相互作用的な交渉の中で、ストレスフルなものとして認知（評価）された関係性とそれに対抗しようとする一連の意識的な努力（コーピング）の過程」と考え、トランスアクショナル・モデルを提唱した（津田，2005）。主要な概念は、ストレスコーピングと認知的評価である。Selyeが、寒冷など生理的物理的刺激に対する生体の生理的身体的反応を研究対象にしたのに対して、Lazarusらは、人間関係や試合・試験などのプレッシャーなどの心理社会的出来事を対象に、同じ出来事でもストレス反応が異なることを、ストレスコーピング、認知的評価、素因・気質の3つから説明した（Fig.1-2参照）。

　認知的評価は、一次的評価と二次的評価を想定した。一次的評価は、出来事や状況に対する主観的評価であり、「無関係・無害－肯定的・ストレスフル」の3種類に区別された。そして一次的評価でストレスフルとされた場合、どのようなコーピング方略の選択が可能かを評定する二次的評定が発動される。認知的評価は、自分の価値・目標・信念などによって影響される（島津，2002）。

　ストレスコーピングは、Lazarusらによれば、「負荷をもたらす、もしくは個人のあらゆる資源を超えたものとして評定された特定の外的、内的な要求に対応するためになされる、絶えず変動する認知的、行動的な努力」と定義し、問題焦点型対処と情動焦点型対処に大きく分類した。Lazarusらの心理社会的ストレス理論は、さまざまな集団を対象にしたストレスマネジメント・プログラムの構築に直接影響を及ぼしている。

2　ストレスマネジメント教育

　ストレスマネジメント教育とは、自分のストレスに向き合い、望ましい対処

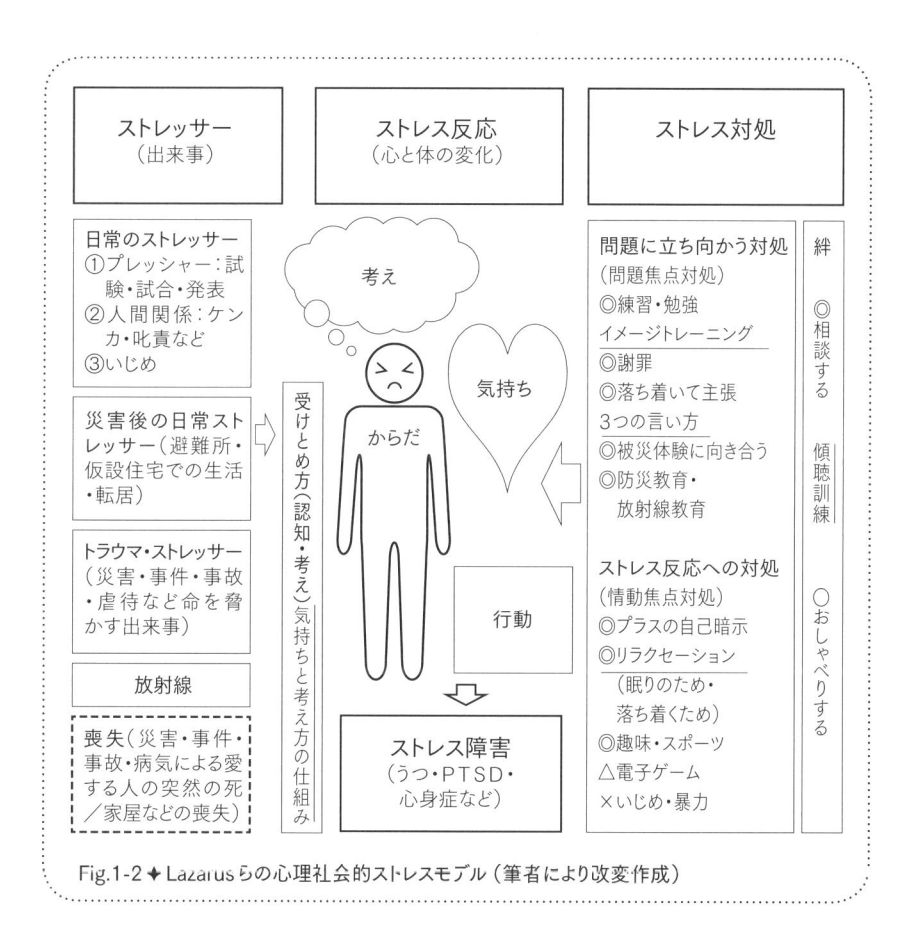

Fig.1-2 ◆ Lazarusらの心理社会的ストレスモデル（筆者により改変作成）

ストレッサー（出来事）
- 日常のストレッサー
  ① プレッシャー：試験・試合・発表
  ② 人間関係：ケンカ・叱責など
  ③ いじめ
- 災害後の日常ストレッサー（避難所・仮設住宅での生活・転居）
- トラウマ・ストレッサー（災害・事件・事故・虐待など命を脅かす出来事）
- 放射線
- 喪失（災害・事件・事故・病気による愛する人の突然の死／家屋などの喪失）

ストレス反応（心と体の変化）
- 考え
- 気持ち
- からだ
- 行動
- 受けとめ方（認知・考え）気持ちと考え方の仕組み
- ストレス障害（うつ・PTSD・心身症など）

ストレス対処
- 問題に立ち向かう対処（問題焦点対処）
  ◎練習・勉強 イメージトレーニング
  ◎謝罪
  ◎落ち着いて主張 3つの言い方
  ◎被災体験に向き合う
  ◎防災教育・放射線教育
- ストレス反応への対処（情動焦点対処）
  ◎プラスの自己暗示
  ◎リラクセーション（眠りのため・落ち着くため）
  ◎趣味・スポーツ
  △電子ゲーム
  ×いじめ・暴力
- 絆
  ◎相談する
  傾聴訓練
  ◎おしゃべりする

を学ぶ理論と実践である（山中・冨永, 2000）。小学校高学年および中学生を対象としたストレスマネジメントを柱にした授業案をTab.1-3に示した。また、Lazarusらの心理社会的ストレスモデルを参考に、ストレスマネジメント授業を構成したモデル図をFig.1-2に示した。自分のストレスを知る、リラクセーション法の体験、考え方で感情や行動が変わる、親子ストレスを考える、3つの言い方など、問題焦点型対処と望ましい情動焦点型対処と認知的評価に及ぼす考え方から授業案を構成している。

Tab.1-3 ◆ ストレスマネジメントを柱にした授業案

①	ストレスってなに？自分のストレスを知る	ストレッサー、ストレス反応、ストレス対処について自分の体験と照らして学ぶ。ストレス・アンケート（日常ストレス反応、トラウマストレス反応、ストレス対処）により自分のストレスを知ることでよりよい対処を学ぶことができる。
②	リラクセーション体験	眠れないときのリラックス法や落ち着くためのリラックス法を体験的に学ぶ。
③	3つの言い方	非主張・攻撃・アサーティブな言い方の3つをロールプレイなどにより体験的に学ぶ。
④	上手な話の聴き方	「えらそう」「真剣」の2つの聴き方をロールプレイにより体験的に学ぶ。
⑤	イメージトレーニング	最も勉強に集中しているイメージを浮かべ、この1週間を振り返り、ベストの自分に近づくために、1日の行動をどのように変えればいいかを考える。受験や試合の前に行う落ち着く方法を体験的に学ぶ。
⑥	考え方とストレス	「おはよう」とあいさつをしたのに友だちから返事がないといった場面を考え、どんな気持ちになるか、どんな行動をとるかを考えさせ、気持ちや行動は、心の中のつぶやき（考え）で変わることを学ぶ。
⑦	災害と心のケア	災害できょうだいを亡くした人の手記を読み、災害によるトラウマ反応やPTSDを学び、回復するために必要な体験を学ぶ。周りのサポートの大切さを体験的に学ぶため絆のワークを取り入れる。
⑧	いじめとストレス	いじめ被害を受けた時の心身の打撃と回復方法を学ぶ。いじめ加害者のストレスを考えさせ、望ましいストレス対処について学ぶ。いじめの集団性・同調性について学び、いじめ加害をしない意識を育成する。
⑨	親子ストレス	教師による親子のけんかのロールプレイをみて、望ましい親子のかかわり方について考える。

3　わが国の学校教育でのストレスマネジメント

　わが国の学校教育においては、保健体育の「心の健康」という項で、ストレスマネジメントが取り上げられている。学習指導要領には、小学校では、「心の発達および不安、悩みへの対処の仕方について理解できるようにする」とされ、中学校では「心の健康を保つには、欲求やストレスに適切に対処するとともに、心身の調和を保つことが大切であること」と記載されている。中学の保健体育の教科書にはストレス対処の項が立てられ、リラクセーションや相談など望ましい対処や、用語こそ記載されていないが、問題焦点型対処と情動焦点型対処に対応する記載、考え方で感情や行動が変わるという認知技法が記載されている教科書（中学校・保健体育、大修館書店）もある。一方、梶原ら（2009）は、小

学校・中学校・高等学校各1200校を無作為抽出し、保健体育教師と養護教諭に１部ずつ保健学習におけるストレスマネジメント教育の実施状況についてのアンケート調査を実施した。回収率は12.6％と低率であった。保健の授業でのストレスマネジメント教育の実施率は、小学校72.1％、中学校90.2％、高等学校93.6％で、学習指導要領に記載しているにもかかわらず、100％に至らなかった。また、リラクセーションの実施率は、中学校23.5％、高校25.6％と低かった。

　兵庫県心の教育総合センター（2011）は、兵庫県下小学校・中学校・高等学校・特別支援学校1,103校を対象に、心の教育に関する実態調査を行った。26項目の心の教育の活動内容に対して、年間でどの程度実施したかについて尋ね、過去５年間の不登校・いじめ・暴力の全国平均との比較を行った。心の教育として効果があると回答された「友だちの〈いいとこさがし〉や友だちと協力して課題に取り組む構成的グループエンカウンターなど、他者を理解したり、適切に他者と関わったりする活動」の実施率は、「少しやっている・かなりやっている」をあわせて、小学校低学年では98％、小学校高学年では97％、中学校では89％、高等学校では49％であったのに対し、「ストレスマネジメントなどのストレスへの適切な対処法を体験的に学ぶ活動」の実施率は、小学校低学年では19％、小学校高学年では35％、中学校では40％、高等学校では38％であった。一方、今後やりたい心の教育として、ストレスマネジメントは、小学校高学年、中学校では第３位、高等学校では第２位にあげられた。ちなみに、第１位は、小学校高学年・中学校では「スクールカウンセラーが担任と共同して行う授業や実習」であり、高等学校では「学校外の専門家による心の教育に関する講演の実施」であった。

　このように子どもがストレスをどう理解しどう対処すればよいかについて、学習指導要領では保健体育に位置づけているが、授業時数が少なく体験的に学ぶ活動まで展開されていないのが現状である。また、教師は大学教育において教育相談論は必須科目になっているがストレスやストレスマネジメントについて学ぶ機会は乏しく、リラクセーションなどの体験を子どもに伝えることに自信がない。このような現状のなかで、事件や災害といった危機的なストレスに子どもも大人も遭遇することになる。

第5節　わが国における学校危機での心理支援モデル
　　　── 福岡モデルと兵庫モデル

　1999年1月に日本臨床心理士会に被害者支援専門委員会が設置された。警察庁が犯罪被害者への対策を強化しはじめたこと、阪神淡路大震災にて心のケアの必要性がマスメディアを通じて訴えられたこと、1995年からスクールカウンセラー調査活用事業がはじまったことなどがその背景にある。災害だけでなく子どもの自殺や事件や事故が起きるたびに、スクールカウンセラーが緊急派遣されるようになった。わが国では、2000年ぐらいから、学校で危機事態が発生すると、福岡モデル（窪田・林・向笠・浦田, 2005）によって、支援活動が展開されていった。それは、できるだけ早期に、20項目からなるトラウマ・ストレスのアンケート（こころの健康調査票）を実施し、担任がクラスのすべての児童生徒にそのストレス・アンケートを介して傾聴するとともに「異常事態での正常な反応」といった心理教育のメッセージを5分から10分の面談により送り、重い反応を抱えている児童生徒には、緊急派遣のスクールカウンセラーの面談につなげていくという方法である。こころの健康調査票は、当てはまる項目番号に○をつけるという2件法である。

　一方で、ストレス・アンケートの内容と実施時期および方法に関して、災害を経験した兵庫県では異なる方法で兵庫モデルを構築していった（杉村・本多・冨永・髙橋, 2009）。

　ストレス・アンケートは、信頼性・妥当性の高いものが活用されるべきであり、2件法では尺度の因子妥当性を検討できない。もっとも福岡モデルのストレス・アンケートは、心理アセスメントのためというより、表現のツールと位置づけている（Fig.1-3参照）。

　災害や事件によるトラウマ反応を測定するためのスクリーニングテストとしては、22項目からなるIES-r(Impact of Event Scale-revised; Weiss & Marmar, 1997)が代表的である。一方、子どもを対象とした単回性トラウマのスクリーニングテストとしては、20項目からなるCPTS-RI (Frederick, Pynoos, & Nader, 1992／小西・田中訳, 1995)やUCLA PTSD Index (Pynoos, Rodriguez, Steinberg, Stuber, & Frederick,

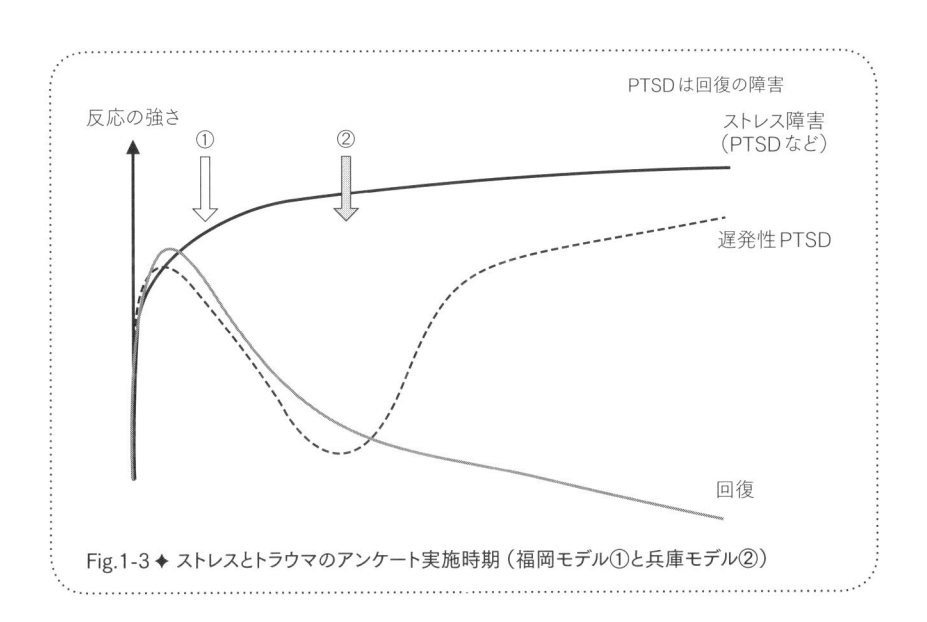

Fig.1-3 ◆ ストレスとトラウマのアンケート実施時期（福岡モデル①と兵庫モデル②）

1998）がある（斉藤・酒井・後藤・廣常・加藤・中井, 2005）。しかし、これらはPTSDやASD（Acute Stress Disorder: 急性ストレス障害）の再体験・過覚醒・回避マヒの3大症状で構成されており、身体反応や抑うつの項目が含まれていない。また、うつやPTSDの発生持続因子と考えられている自責感などの否定的認知の項目も含まれていない。

　ストレス・アンケートは、ハイリスクの児童生徒を発見するというスクリーニングテストとし活用されてきた。しかし、児童生徒がストレスやトラウマ反応を学び適切に対処することができるようにストレス・アンケートを活用して心理教育を行うことができれば、ストレス・アンケートにより辛いことを思い出したという不快反応が消失ないし軽減すると考えられる。それは、阪神淡路大震災で、研究者が研究のためのアンケートを繰り返し実施し、アンケート結果は実施者個人にフィードバックされなかったという経験からの発想である。

　また、台風23号豪雨災害後の子どもの心理支援において、ストレスマネジメント授業が災害について話すことを嫌がるという回避行動を減少させ、子どもが日常生活で怖かったことや自分の気持ちを語れるようになり、クラス全体が落ち着いていったという筆者の経験と、そのストレスマネジメントとトラウマ・

ストレス・アンケートを一体として取り組んだインドネシア・アチェでの実践において、生徒の感想が肯定的であり、セッション前後の気分チェックでも良い方向への変化を示したということがその根拠である（冨永・高橋, 2005）。災害や事件後の心理支援においては、自らのストレス反応やトラウマ反応を知り、有効な対処を知る心理教育が重要である（冨永・高橋, 2005）。しかし、IES-rなどは、正確なスクリーニングに力点を置くため前後の項目が干渉しないように、各因子の項目をランダムに配置している。

このことは、心理テストとしては望ましくても、アンケートを心理教育に生かすことはむずかしい。そこで、IES-rやCPTS-RIを参考にしながらも、心理教育のためのスクリーニングテストの開発が求められる。

福岡モデルは、学校再開後できるだけ早期にアンケート「こころの健康調査票」を実施し、個別相談につなげることが望ましいとしている。しかし、直後は誰もが心身反応を引き起こしているのが自然であり、トラウマ・ストレスのアンケートの実施は、自己回復できつつあるものとそうでないものが分かれる時期が適切であろう。また、自殺・事件・災害という出来事によって実施時期に差異がある。災害は日常性を回復するまでに時間を要するため、死者が少ない災害であれば、1か月後、死者が多い災害であれば、半年後ぐらいが適切であろう。

福岡モデルは、事件後できるだけ早期に、トラウマ反応項目にチェックするアンケートの実施、その後すぐに担任教師による児童生徒の全員の個別面談、そしてハイリスクの児童生徒へのスクールカウンセラーによる面談というシステムである。一方、兵庫モデルは、災害・事件後3週間から1か月後に、心理教育のための4件法のストレス・アンケートを実施して、ストレスマネジメント体験をクラスで実施、ハイリスクの児童生徒にスクールカウンセラーが面談するというシステムである。前者の利点は、児童生徒の心身反応に学校関係者が注目し、支援体制を構築しやすい点である。学校が再開されると、回避が強くなる。「災害（事件）のことは話したくない、災害（事件）はなかったかのように日常生活がはじまる」といった状況が生まれやすい。子どもたちは日常生活を懸命に送りはじめるため、教師は「子どもはそれほど打撃を受けていない。大丈夫だ」と思いがちになる。そのため数週間後に、心身反応のアンケートと心

理教育、ストレスマネジメントを提案しても、実施できないことがある。そして、災害や事件からしばらくたってから、体調不良を訴えて保健室の来談が増える、校内でのちょっとしたケガが増える、学級が荒れはじめるといった行動の変化が生じる。そのため、災害や事件の直後期（大災害なら約3か月、事件は翌週から2週）に、子どもが心身の打撃を受けているという声を聴くシステムが必要であり、福岡モデルには、その利点がある。

第6節　ハリケーン・カトリーナ後の子どもの心理支援

　海外の災害後の子どもの心理支援で体系化されて報告されているのが、ハリケーン・カトリーナ後の心理支援（Jaycox et al., 2010）である。2005年9月にニューオリンズを襲ったハリケーン・カトリーナ後の子どもの心理支援は、スクールカウンセラーによる小児科チェックリストによるスクリーニングと教師の観察から、特別に支援を要する児童生徒が抽出され、さらに重い反応を示す児童生徒にCBITS（Cognitive-Behavioral Intervention for Trauma in Schools：学校トラウマへの認知行動介入：Jaycox, Langley, & Dean, 2009／RAND Corporation訳, 2012）とTF-CBT（Trauma-Focused Cognitive-Behavioral Therapy：トラウマ焦点化認知行動療法）が適用された。CBITSは学校でグループによって、TF-CBTはクリニックでマンツーマンで実施された。TF-CBTとCBITSはトラウマ体験の表現を含んでおり、10セッションから構成されている。CBITSは、授業時間中に、児童生徒を抽出してグループセッションを行っている。特別に支援を要すると判断された児童生徒には、UCLA PTSD Index for DSM-Ⅳ（Pynoos, Rodriguez, Steinberg, Stuber, & Frederick, 1998）とThe Children's Depression Inventory（Kovacs, 1981）などが実施された。なお、クリニックでのTF-CBTに割り当てられた児童の参加率が低く、学校で行うCBITSの参加率が高かったと報告されている。

　いずれも、心理士を中心にソーシャルワーカー・心理専攻の大学院生・精神科医をチームとした心理支援チームが特別に支援を要する児童生徒へそれらのプログラムを実施しており、教師はそれらのプログラムにかかわらない。そして、災害後の子どもの心理支援として2012年の時点では、災害後はすべての児童生徒にPFA（Psychological First Aid：心理的応急法）が適用され、3か月後には、

```
                    現在の段階的ケアのモデル        災害から3か月後には、
                    Trauma Focused –              スクールカウンセラー
                    Cognitive Behavioral          による小児科チェック
3か月                Therapy (TF-CBT)              リストにより、ハイリスク
                                                  児を抽出、授業中に
                  Cognitive Behavioral            集団プログラムSPRと
3か月             Intervention for Trauma in      CBITSを心理専門家
                  Schools (CBITS)                 グループが実施。
                                                  TF-CBTはクリニック
                 Skills for Psychological         にて実施。
3か月                Recovery (SPR)

              Psychological First Aid
即時                   (PFA)

Douglas W.Walker:Clinical Director - Mercy Family Center
Project Director-Project Fleur-de-lis    New Orleans,    Louisiana USA
```

Fig.1-4 ◆ ハリケーン・カトリーナ災害後の心理支援モデル（Walker, 2012）

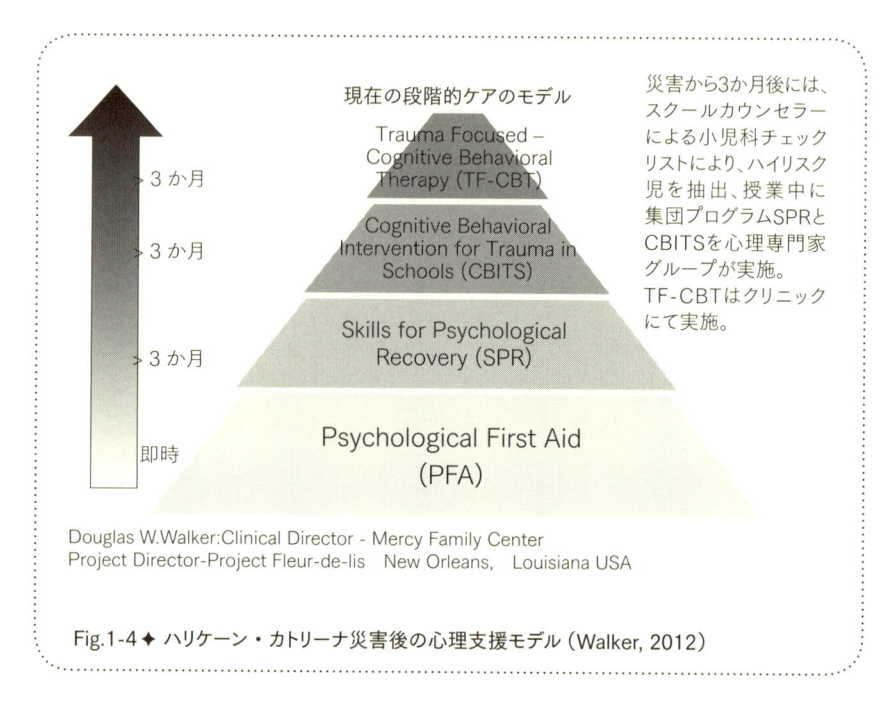

SPR（Skills for Psychological Recovery：サイコロジカル・リカバリー・スキル：Berkowitz, et al., 2010／兵庫県こころのケアセンター訳, 2012）が特別に支援を要する児童生徒を対象にグループで実施され、さらに、CBITS、TF-CBTを適用するという段階モデルが提唱されている（Walker, 2012）。

第7節　海外の災害紛争後の心理支援モデル

　海外では災害や戦争や重大事故後の急性期の心理支援モデルとして、1980年代から2003年ころまでディブリーフィング（Mitchell, 1983）が、それ以降はPFA（2006）が推奨されてきた。また、支援システムまで含めたガイドラインとして、国連の機関間常設委員会の災害・紛争等緊急時における精神保健・心理社会的支援に関するガイドライン（IASC, 2007）が作成されている。また、子どもには、SPR（Skills for Psychological Recovery, 2010）、CBITS（Cognitive-Behavioral Intervention for Trauma in School, 2009）が提案されている。

これらのガイドラインの発行年代が、災害・事件後の心理支援の理論の推移を反映しているといえる。わが国は、西欧の影響を強く受けながら、災害後の心理支援活動が展開してきている。
　ここで、PD、PFA、SPR、CBITS、TF-CBTの相違と共通点をTab.1-4に整理して示した。
　トラウマ経験の語りとトラウマ反応の心理教育や対処のコンポーネントについて、各モデルについて整理してみると、PDではトラウマ経験の語りが最初に位置づけられており、トラウマ経験の語りを中ごろ以降に置いているCBITSやTF-CBTと決定的に異なる。また、PFAとSPRには、トラウマ経験の語りが含まれていないのも特徴である。すなわち、トラウマ体験の語りをめぐって、1980年代と2000年代では、その位置づけが大きく異なるものの、トラウマ体験の表現が、心理支援の1つの重要な鍵であることは、これらのモデルからも明らかである。

第8節　わが国における災害・事件後の心理支援モデルの提案

　災害後の心理支援の理論と方法に関して、主に被災体験の取り扱いについて、この20年間に大きな変化があった。1995年阪神淡路大震災直後の心理支援において、冨永（1995）は、被災体験の語りや表現を早期に促すディブリーフィングは不適切と考え、リラックス動作法による支援を行った。その後、2001年の9.11同時多発テロ後の実践報告とディブリーフィングの実証的研究（Bisson et al., 1997；Mayou et al., 2000；van Emmerik et al., 2002）から、PFA（NCTSN & NCPTSD, 2006）やIASC（2007）では、災害後にディブリーフィングは行ってはいけないと警告するに至った。しかし、被災体験に伴う自責感情は、ストレス障害のリスク要因であり（Ehlers et al., 2003）、長期的には、被災体験を表現できる方が、ストレス障害のリスクを減ずる。
　このため、急性期に必要な体験と中長期に必要な体験が異なるといえる。すなわち、急性期には過覚醒状態が顕著であり、被災体験を語ろうとすると情動興奮が高まり、感情をコントロールできなくなり、もう二度と話したくないと

Tab.1-4 ◆ PD、PFA、SPR、CBITS および TF-CBT の主要コンポーネント一覧

	PD（Psychological Debriefing）（Mitchell, 1983）
1	導入（Introduction）（目的、守秘など）
2	事実（Fact）「あなたはその時何をしていましたか？」
3	感情・思考（Thought）「今、どんな考えや感情をもっていますか？」
4	反応（Reaction）「今、どんな反応が起こっていますか？」
5	症状（Symptom）「どんな症状が起こっていますか？」
6	教育（Teaching）「自然な正常な反応ですよ」
7	再帰還（Re-Entry）今後の対処を話し合う。情報提供

	PFA（Psychological First Aid） （National Child Traumatic Stress Network and National Center for PTSD, 2006）
1	被災者に近づき、活動を始める（Contact and Engagement） 被災者の求めに応じる。あるいは、被災者の負担にならない共感的な態度でこちらから手を差し延べる
2	安全と安心感（Safety and Comfort） 当面の安全を確保し、被災者に心と身体を休めてもらう
3	安定化（Stabilization） 圧倒され混乱している被災者が、落ち着きを取り戻せるようにする
4	情報を集める—今必要なこと、困っていること（Information Gathering: Current Needs and Concerns） 周辺情報を集め、被災者が今必要としていること、困っていることを把握する。そのうえで、その人に合ったPFAを組み立てる
5	現実的な問題の解決を助ける（Practical Assistance） 今必要としていること、困っていることを解決するために、被災者を現実的に援助する
6	周囲の人々との関わりを促進する（Connection with Social Supports） 家族や友人など身近にいて支えてくれる人や地域の援助機関との関わりを促進し、関係が保ち続けられるよう援助する
7	対処に役立つ情報（Information on Coping） 苦しみを軽減し適応的な機能を高めるために、ストレス反応と対処の方法について知ってもらう
8	紹介と引き継ぎ（Linkage with Collaborative Services） 被災者が今必要としている、あるいは将来必要となるサービスを紹介し、引き継ぎを行う

	SPR（Skills for Psychological Recovery）（Berkowitz, et al., 2010）
1	情報を集め支援の優先順位を決める（Gathering Information and Prioritizing Assistance）
2	問題解決のスキルを高める（Building Problem-Solving Skills）
3	ポジティブな活動をする（Promoting Positive Activities）
4	心身の反応に対処する（Managing Reactions）
5	役に立つ考え方をする（Promoting Helpful Thinking）
6	周囲の人とよい関係をつくる（Rebuilding Healthy Social Connections） 継続面接（Multiple Contacts）

（次頁に続く）

	CBITS（Cognitive Behavior Intervention Trauma in School） （Jaycox, Langley, & Dean, 2009）
1	概要（Introduction）
2	トラウマに対する一般的反応とリラックス方法（*Common Reactions to Trauma and Strategies for Relaxation*）
3	思考と感情（Thoughts and Feelings）
4	有益な思考（Helpful Thinking）
5	恐怖に立ち向かう（Facing Your Fears）
6	**トラウマ経験を語る1（Trauma Narrative, Part One）**
7	**トラウマ経験を語る2（Trauma Narrative, Part Two）**
8	問題解決（Problem Solving）
9	人間関係の問題とホットシート練習（Practice with Social Problems and the Hot Seat）
10	将来の計画と終了式（Planning for the Future and Graduation）

	TF-CBT（Trauma-Focused Cognitive Behavior Therapy） （Cohen, Mannarino, & Deblinger, 2006）
1	*心理教育（Psychoeducation）*
2	*養育スキル（Parenting skill）*
3	*リラクセーション（Relaxation）*
4	*情動表出と調整（Affective modulation）*
5	<u>認知のコーピングとプロセス1、認知のトライアングル（Cognitive coping and processing 1、Cognitive Triangle）</u>
6	**トラウマの物語を創る（Trauma Narrtive）**
7	<u>認知のコーピングとプロセス2、トラウマ体験をプロセスする（Cognitive coping and processing 2、Processing the Traumatic Experience）</u>
8	生活における統御（In vivo mastery of trauma reminders）
9	子ども－養育者合同セッション（Conjoit child-parent sessions）
10	将来の安全を強化する（Enhance future safety and development）

ゴチック体：トラウマの表現　イタリック体：トラウマ反応の心理教育や対処　下線つき：思考 ― 感情 ― 行動（認知の三角形）

回避を強める結果をもたらすことが考えられる。被災直後には気丈に取材に応じていた被災者が、その後一切語らなくなるといったことがあるのは、こういった現象の一例である。そのため、急性期には、安全感と安心感が育成されるような身体的・生理的・物理的・環境的・情報的支援が何より必要である。加えて、呼吸法や漸進性弛緩法といったセルフ・リラクセーションを身につけて、感情のコントロールを学ぶ。また、安心感の育成には、他者からの思いやりや他者との絆が必要である。このため急性期の子どもの心理支援の方法は、学校の再開、友だちとの再会をベースに、眠りやイライラに対して対処する方法を

分かち合うことと、漸進性弛緩法や呼吸法といったリラクセーション体験と、他者との絆を深める体験が必要である。

そして大災害であれば、半年が経過するころ、事件であれば、3週間ごろに、ストレスとトラウマの仕組みを学ぶ心理教育と、自らのストレスとトラウマ反応を知るアンケートの活用、そしてストレスマネジメント体験をとりいれ、ストレス反応やトラウマ反応に対する適切な対処法を学ぶ体験が必要と考えられる。

さらにアニバーサリーが近づくころには、「1年をふりかえる」作文活動などを通して、災害体験を整理する作業が必要であると考えた。

このように時期に応じた「災害後に必要な体験の段階モデル」（Mental Health Care for Children Appropriate to the Stage of Recovery in the Areas Affected: Model of Needs Required for Survivors of the Disaster; MSD）をモデル化したものがFig.1-5である。

発災直後は、生理的・物理的安全を確保することが第一であり、次に安否情

①安全・安心
命保護のための生理・物理的安全確保
つながりの安心
過酷環境へのストレスマネジメント

②心身コントロール
（ストレスマネジメント）
身体反応のコントロール
トラウマ反応のコントロール
命を守る避難訓練

③心理教育
安心・絆・表現・チャレンジ
悲しむときと楽しむときを切りわけて
がんばるときと休むときの切りかえを
長続きするがんばりを

④生活体験表現
・「せんせいあのね」「壁新聞」「3分作文」など

⑤トラウマ体験表現
（語り継ぐことと表現）
・災害に伴う体験の表現と分かちあい

⑥回避へのチャレンジ
・避けていることへのチャレンジ

⑦喪の作業
・心の中に亡くなった人を生かしていく心の作業

Fig.1-5 ◆ 災害後に必要な体験の段階モデル（冨永, 2011）

報の確認、１週間後くらいから避難所という過酷な環境での睡眠の確保などストレスマネジメント支援が必要となる。１か月後くらいから眠れないとき、イライラするといったストレスへの対処法の積極的な伝達、学校再開による友だちや教師との絆、授業再開による日常性の回復がすすめられる。この時期、命を守る避難訓練を、十分な目的と方法を子どもに伝えて行うことは、また地震や津波が来たときに、自分の命を守る自信につながる。授業再開後２、３週後に、安心と絆を深める活動と、ストレスへの対処についての心理教育が必要になる。日常性が回復するにつれ、教科学習ができるにつれ、「せんせいあのね」「壁新聞」「学校新聞」「３分作文」など、発災前から行っていた生活の表現活動をすすめていく。災害体験に触れたいものが触れることができ、触れたくないものは触れなくてよい表現活動を大切にする。

また個別相談といった一対一の関係性のなかで、または「１年をふりかえる」表現活動にて、災害に伴う体験を表現し、分かち合う。また、日常生活ですでに安全であるにもかかわらず避けている場所や事柄については、トラウマの心理教育をすすめながら、少しずつチャレンジしていくことを促す。また、亡くなった人を偲ぶ会や植樹、追悼の会は、心のなかに亡くなった人を生かしていく喪の作業を進める機会になる。

この「災害後に必要な時期に応じた段階モデル」を３つの体験を軸にあらわしたのが、Fig.1-6の「回復と成長のための体験トライアングルモデル」(Triangle Model of Three-Experiences for Recovery and Growth after Disaster; TM 3 E)である。まず、食べる・眠る・勉強する・遊ぶといった日常生活体験を充実させることが回復の基底である。そのうえで、トラウマ対処体験と服喪追悼体験が折々に必要な体験となる。それらの体験を実現するための方法として、「こころのサポート授業」と「個別相談」を位置づける。「こころのサポート授業１」では、５項目の健康チェック（２年目以降は、８項目か、ストレス反応20などを活用）、眠れないとき、イライラしたときのストレス対処、リラクセーションや絆のワークという体験を組み込んでいる。「こころのサポート授業２」はトラウマ対処体験である。自分のトラウマ・ストレスを知り、どう対処したらよいかを学ぶ心理教育、そしてストレスマネジメント体験を組み込んだ授業であり、その後に教師による全員の個別面談、重い反応を示す児童生徒へのカウンセラーとの個別

カウンセリングがセットになっている。トラウマ記憶を意識しながらも動作法などによりトラウマ体験と距離をとり、落ち着くことが必要である。

PTSDの治療法として最も効果が検証されている長時間エクスポージャー療法の理論モデルは馴化であるが、トラウマ体験を集団で繰り返し語らせて慣れることを目的とした活動を行うのではなく、避難訓練や日常の表現活動をとおして、結果としてトラウマ体験に慣れていくという、結果として生じる体験としてとらえるほうが安全である。それは、災害にともなう体験の表現に関しても、災害にともなう押し込めた感情をはき出すことをねらいにするのではなく、つらかった体験を分かち合うことで、結果としてすっきりした体験が生じると考える。

「こころのサポート授業3」は服喪追悼体験である。亡くなった人との良き思い出を浮かべるとともに、亡くなった人と心のなかでお話しできる体験が安寧な気持ちをもたらし、日常の眠る・食べる・学ぶ・遊ぶという体験の質を回復させることに寄与する。

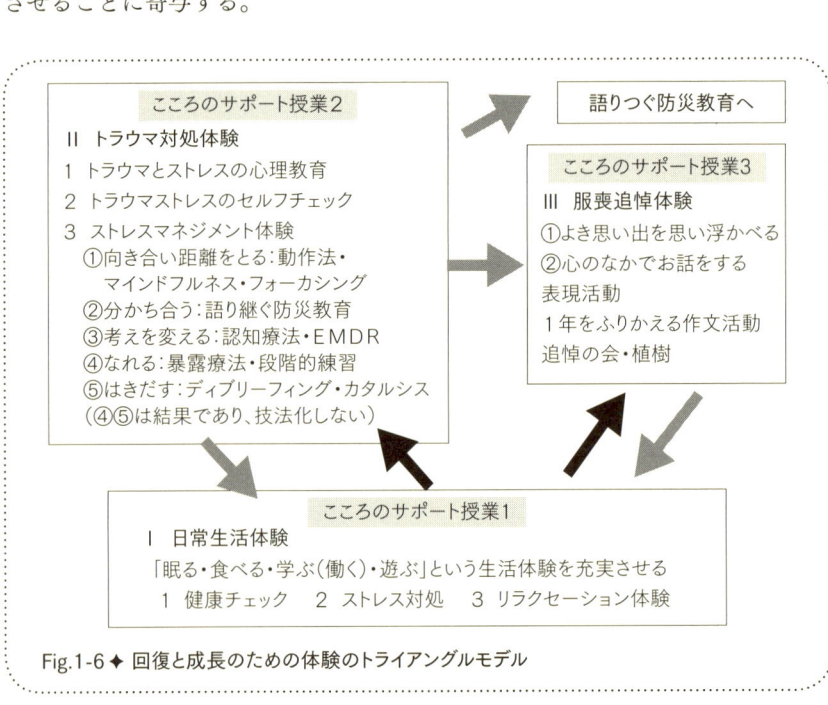

```
こころのサポート授業2                    語りつぐ防災教育へ
 II トラウマ対処体験
 1 トラウマとストレスの心理教育          こころのサポート授業3
 2 トラウマストレスのセルフチェック        III 服喪追悼体験
 3 ストレスマネジメント体験              ①よき思い出を思い浮かべる
   ①向き合い距離をとる:動作法・          ②心のなかでお話をする
     マインドフルネス・フォーカシング       表現活動
   ②分かち合う:語り継ぐ防災教育          1年をふりかえる作文活動
   ③考えを変える:認知療法・EMDR         追悼の会・植樹
   ④なれる:暴露療法・段階的練習
   ⑤はきだす:ディブリーフィング・カタルシス
   (④⑤は結果であり、技法化しない)

              こころのサポート授業1
                I 日常生活体験
       「眠る・食べる・学ぶ(働く)・遊ぶ」という生活体験を充実させる
         1 健康チェック  2 ストレス対処  3 リラクセーション体験
```

Fig.1-6 ✦ 回復と成長のための体験のトライアングルモデル

第9節　教師とカウンセラー協働による災害・事件後 3段階心理支援モデルの提案

(The-three-stage Model of Psychological Support for Children in Collaboration with Teacher and Counselor after Disasters ／ Psychological Support for Children in Collaboration; PSCC-Japan)

　次に、人的資源を考慮してモデル化したものが、「教師とカウンセラー協働による災害・事件後3段階心理支援モデル」（PSCC-Japan）である。それは、教師が新しい活動に負担感をもたずに、スクールカウンセラーと協働で、段階的に子どもの心理支援に取り組むモデルである。

　第1段階は「日常ストレス対処」（Daily Stress Coping: DSC）、第2段階は「トラウマ反応対処」（Psychoeducation and traumatic stress coping: PTC）、第3段階は「災害体験表現」（Expression for disaster experience: EDE）（死亡事件においては追悼の喪の作業）の3段階の体験を、発災後から約3か月、6か月、1年と3期に分け、さらに、2年目、3年目、5年目、10年目と、長期にわたり、その3つの体験を年間のこころのサポート授業計画に織り込んで、子どもの心理支援を展開するモデルである。第1段階には「こころのサポート授業1」を、第2段階には「こころのサポート授業2」を、第3段階には「こころのサポート授業3」の教育実践によって子どもにとって必要な体験を促進する。

　このPSCC-Japanとアメリカで開発されてきたプログラムとの対比について述べる。SPRは、①問題解決のスキルを高める、②ポジティブな活動をする、③心身の反応に対処する、④役に立つ考え方をする、⑤周囲の人とよい関係をつくる、といったセッションから構成されている。わが国の学校教育では、道徳や特別活動にて、②や⑤は類する活動が取り入れられている。しかし、④は中学の保健体育の教科書に記載されているものもあるが、すべての教科書に取りいれられておらず、かつ、授業実践例も報告がみあたらない。

　TF-CBTは、①心理教育、②ストレスマネジメント、③情動表出と調節、④認知のコーピングとプロセス、⑤トラウマの物語を創る、⑥認知のコーピングとプロセス（トラウマ体験をプロセスする）、⑦生活における統御、⑧将来の安全

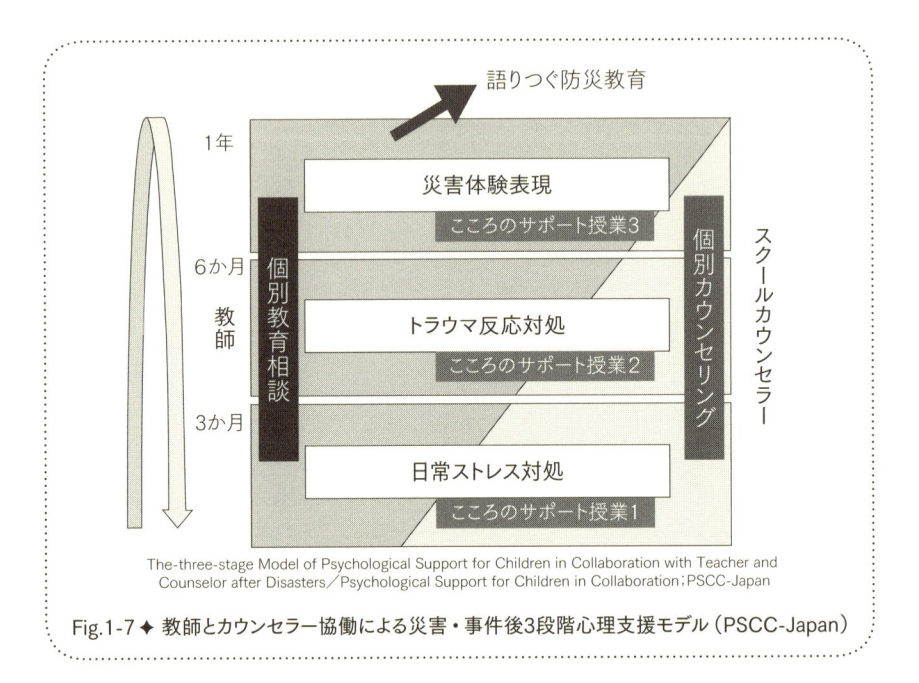

Fig.1-7 ◆ 教師とカウンセラー協働による災害・事件後3段階心理支援モデル（PSCC-Japan）

を強化するから、⑨養育スキル、⑩子ども−養育者合同セッションから構成されている。

　PSCC-Japanの第1段階は、TF-CBTの②ストレスマネジメントと③情動表出と調節とSPRの④役に立つ考え方、第2段階は、TF-CBTの①心理教育と③情動表出と調節、SPRの③のトラウマ反応への心理教育と対処法、第3段階は、CBITSのトラウマ体験の表現、TF-CBTの⑤トラウマの物語を作るに該当する。

　ただし、クラスで行うためトラウマ体験の表現は、PSCC-Japanでは、被災体験そのものを表現することに限定せずに、「一年をふりかえる」作文活動とし、トラウマ体験を表現したくないものは無理にトラウマ体験を表現しなくてもよい工夫を行っている。

　わが国では、スクールカウンセラーの勤務が週に1日、6時間と限られている。また教師がクラブ活動の指導、日々の教育相談を担当しているため、アメリカのように教科指導のみの教師の役割と決定的に異なることはすでに述べた。スクールカウンセラーが、学校や学年に応じたこころのサポート授業案を組み

立て、教師と相談しながら、教師が単独で授業実践できるように助言していく。カウンセラーはストレスやトラウマ理論を学んでおり、リラクセーションなどの心理臨床技法のトレーニングも受けながら、個に応じた支援に専門性を有している。一方、教師は子ども集団への働きかけに専門性を有している。このシステムは、心の専門家が少ないための補完的なシステムといった消極的なものではなく、こころのサポート授業を教師が実践することで、教師自身がトラウマについての知識を学び望ましい対処を習得することができるという積極的な意味をもっている。このモデルは、わが国にのみ当てはまるものではなく、中国やスリランカなどアジアの各国のモデルになると考えられる。

第10節　本書の目的

　本書の目的は、「災害・事件後に必要な体験の段階モデル」および「教師とカウンセラー協働による災害・事件後3段階心理支援モデル（PSCC-Japan）」を災害・事件後の心理支援実践から検討することと、その方法の1つのツールである「心理教育のための心とからだのストレス尺度」の妥当性と信頼性を検討することである。

　第2章では、阪神淡路大震災と神戸児童連続殺傷事件後の心理支援の実践を整理し、災害・事件後の必要な体験である安全感と安心感の育成について考察する。

　第3章では、台風23号豪雨災害での「心理教育のためのストレス尺度」の信頼性と妥当性を検討する。次に、インド洋大津波後の高校生への心理教育とストレスマネジメントと心理教育のためのストレス尺度をセットにしたプログラムの安全性を気分調査票の結果と感想から検討する。

　第4章では、四川大地震後の心理支援について、参加者の発言と支援活動に従事した者の応答の質的分析により、望ましい研修のあり方と人的システムをあきらかにする。

　第5章では、小学生が殺害された事件後の心理支援について述べ、幼い児童が犠牲になったときの保護者や教師の役割について、3段階心理支援モデルから考察する。

第6章では、東日本大震災後の子どもの心理支援について、「心とからだの健康観察」の信頼性と妥当性をPTSDのスクリーニングとして世界で活用されているIES-r（Weiss & Marmar, 1997）との相関分析により検討する。また、災害・事件後に必要な体験の段階モデルと教師とカウンセラー協働による災害・事件後3段階心理支援モデル（PSCC-Japan）を参考に岩手県教育委員会が実践したこころのサポート授業の内容を記載し考察する。
　第7章では、わが国における災害・事件後の子どもの心理支援システム構築と今後の課題について総合的に考察する。

第 2 章

阪神淡路大震災と神戸児童連続殺傷事件後の心理支援の実践

　本章では、災害や衝撃的な事件の後には、なにより安全感と安心感の体験が必要なことと、被災者への接近として、「必要なことをおっしゃってください」と言語的な支援の申し出だけでなく、身体的な安心感が回復できるような動作によるアプローチが重要であることをあきらかにする。

第1節　阪神淡路大震災後の動作法による被災者への心理支援

　1995年1月17日午前5時46分、淡路島北部沖の明石海峡を震源として、M7.3の兵庫県南部地震が発生した。特に震源に近い神戸市市街地など阪神地域の被害は甚大で、死者は6,400名を超えた。発災からいち早く、被災者への心理的支援の重要性がマスメディアを通して強調され、「心のケア」という名称で広く周知されるようになった（河合, 1995）。

　マスメディアで「心のケア」の必要性が叫ばれる一方、「心のケア」チームに相談を求める被災者は少なかった。その状況のなか、発災から1か月が過ぎ、避難所生活が長引く中、「眠れない、体がこる」といった訴えが聞かれるようになった。

1　活動の経過

(1) 避難所での動作法実践のはじまり

　学校が避難所になったこともあり、学校教師は避難所運営や被災者支援に携わっていた。被災者でもあり障害動作法に携わってきた教師が被災者に動作法を実践したことがはじまりである（三好, 1995）。

(2) 組織的な動作法チームによる支援

避難所では避難所運営者の許可を得て、「眠れない、肩がこる、イライラする人は、リラックス動作法のチームが来ています。希望する人は○○までお越しください」とアナウンスをしてもらった。毎回 5 名から10名の避難者が来談した。日本臨床動作学会の関西の会員を中心に、チームを組織し、6 か所の避難所および仮設住宅にて1995年 3 月から 7 月まで延べ300名以上の被災者に動作法を実施した（冨永, 1995）。

2　事例

阪神淡路大震災後、大学相談室、避難所で出会った方々の中から、9 事例をTab.2-1にまとめた。いずれの事例も動作法による支援で、短時間で表情や気分が変化することが特徴であった。Ａさんは、うめき叫ぶ状態から、20分ほど

Tab.2-1 ◆ 阪神淡路大震災後の避難所での動作法により支援した事例

Ａさん	1995.2.12	高校 1 年脳性まひ。大学に来談。うめき声。背をゆっくり弛めることを提案、落ち着いていく。別居していた父の家が全焼。
Ｂさん	1995.3.11	小学部。脳性まひ。発達 2 歳。なかなか眠れない。お任せ脱力。うとうと。
Ｃさん	1995.3.18／4.1	50歳代、女性。夜中に何度も目が覚める。全身力が抜けて気力がない。肩の上げ下ろし、だんだん動かせるようになる。「スーッと気持ちがいい」。「目がすっきりした」
Ｄさん	1995.3.22／3.29	40歳代男性。畳一畳の避難所であぐらですわれるようになった。アルコールを減らしたい。
Ｅさん	1995.3.15／毎回参加	夫が脳卒中の後遺症。夜中にトイレに何度も起こされて眠れない。〈ぐっすり眠ってぱっと目が覚めて、そしてまたぐっすりと眠れるといいですね〉
Ｆさん	1995.3.19	2 度目の震災体験。「血を抜いてください」。弛められない。行政への怒り。座位での背反らし弛めで、力がぬける。低い声でトイレが近くなった。「あのとき自分が自分なのかわからなくなっていた」
Ｇさん	1995.3.31／4.2／4.7／6.4	放送後、駆け足で来室、目の前にたって「イライラするんです。落ち着かない」躯幹のひねりがよかった。だんだん落ち着いて来室。
Ｈさん	1995.4.7／4.9／4.14	「寝つきが悪い」体の軸がふにゃ。弛め感がでない。やっと背を伸ばして気もちいい。次回、「（震災以来）はじめてぐっすり眠れました」。弟を亡くしたことを語る。
Ｉさん	1995.4.9／4.14	夫への不満。なにからなにまで指図をする。足首弛め後は、「夫もいいところがあるのですよ」。次回、家の再建を話し合っている。

のお任せ脱力から座位での踏みしめ課題で落ち着き、次の日に「友だちにいっぱい話したいことがある」と母を驚かせた。別居していた父の家が全焼したことを筆者が知ったのは２回目の面接であった。Ｂ君は、ほんの10分ほどのお任せ脱力で、うとうとしはじめた。震災以来なかなか眠れず、昼間にうとうとするのははじめてだと母は驚いた。幼少時福井大震災を経験していたＦさんは初めは上気して「血を抜いてください」と叫んだが、座位でのお任せ脱力で、ふっと力が抜けると、低い声になり「そういえばトイレが近くなっている」とつぶやいた。Ｆさんは避難所を退所するとき動作法仲間の教師に「自分が自分か自分でないかわからなくなっていた。何度も死のうと思った。あのとき（動作法を）やってもらって落ち着いた。それで自分をみつめて生きられるようになった」とお礼を言った。ほとんどの事例で、短時間で望ましい変化が起きた。

3　考察

　成瀬（1992）と成瀬（2000）は、「どのような<u>こと</u>で悩んでいるのか」という体験の内容やテーマではなく、「<u>どのように</u>悩んでいるか」という体験の仕方に焦点をあてた心理治療を体験治療論と呼んでいる。ここでは、動作法の取り組みについて体験治療論の立場から考察したい。ここで、震災でのさまざまな体験を「被災体験」と呼び、△であらわす。日常の健康な生活体験を「健康体験」と呼び、○であらわす。△体験の渦中にいる人には、まず○体験ができるような援助やかかわりが必要であり、△体験の内容の語りを求めるのは、さらに恐怖を与えてしまう。○体験に身を置けるようになり、はじめて、△体験を語り表現することができる。比喩的に、△体験は、海でおぼれている状況であり、○体験は、安全な岸や陸にいる状況にたとえられる。おぼれている人に、「いまどんなお気持ちですか？」と尋ねる人はいない。できるだけはやい救命こそ必要な体験である（冨永, 1999）。

　そして、トラウマ体験により回復が損なわれ、３症状（過覚醒、再体験、回避マヒ）が１か月以上持続し、日常生活が阻害されたときに、PTSDと診断される。トラウマ体験が終結したことが前提となっている。それゆえ、「ポスト」と名づけられている。○△モデルでは、物理的に安全な岸にたどり着いている状態が「ポスト」である。しかし、大規模災害での地震や津波の発生後は、過酷な避難

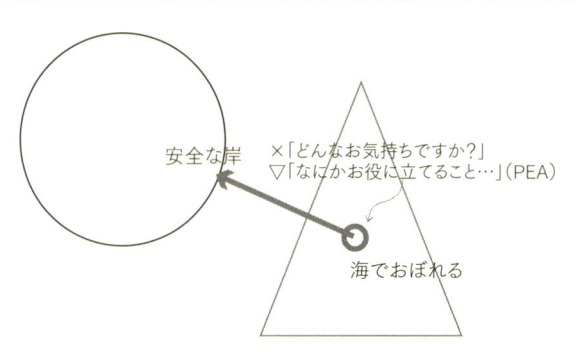

（△：被害・被災体験の渦中　○：安心体験）
藤原（1994）：三角形イメージ体験法　　田嶌（1987）：壺イメージ療法

Fig.2-1 ◆ 体験治療論からみた被災者の体験と援助モデル（冨永ら, 1995；冨永, 1999）

所生活、頻発する余震など、まだ安全な岸にたどり着いた状態と言えず、「イン」トラウマの状況である。この状況で、心理的応急法（PFA）では、

〈自分の名前、肩書き、役割を述べ、自己紹介をします。話しかけていいか尋ね、何か役に立てることがないか知るために来たことを説明します。

Introduce yourself with your name, title, and describe your role. Ask for permission to talk to him/her, and explain that you are there to see if you can be of help. 23p（PFA）〉

と働きかける。

もちろん、「役に立てることが何か」を尋ねることは必要かもしれないが、イン・トラウマの事態では、支援者がどんな体験が必要かを予測して、「足湯」、「リラックス動作法」、「お茶っこコーナー」、「子ども遊び隊」など具体的な提案こそ必要であろう。被災の渦中にある人は、具体的な支援メニューを提示され、YES-NOと判断する方が容易なのである。

このシンプルな○△モデルは、藤原（1994）による三角形イメージ体験法と田嶌（1987）による壺イメージ療法にヒントを得ている。藤原（1994）は、対人恐怖の事例に三角形イメージと○イメージを交互に実施し、症状の改善に導いている。また、田嶌（1987）は、心因反応の青年への自由イメージで、洞窟の

中に手前から奥に並ぶ壺にはいると「胸のいやな感じ」といった身体感覚や気分が感じられる体験をして、それから出るとその壺に対応する症状が消失していったことを報告した。そして、セラピストとの安心感の下で、過去の自分の体験に身を置き（壺の中に入っての体験や△イメージ体験）、そして今ここのセラピストとの安心体験に身を置くことで、症状や苦悩が整理されていった。

一方、被災後の急性期では、余震の頻発や過酷な避難所生活など、安全感と安心感を抱くことがむずかしい状況にある。△イメージ体験の渦中に身を置いていたり、苦痛の壺の中にはいってしまっている状況にある。そのため、被災体験の世界から抜けだし、それと距離をおいて眺めたり語ったりするには、「自分」を安心体験に置かなくてはならない。しかし、ひとりで被災体験から安心体験に移ってゆくのは至難である。動作法は、安心体験に自らが移っていくためのひとつの援助法と考えられる。そのことにより、はじめて被災体験と心理的に距離をおける。

この身体からの安心感の回復の観点は、怖い感情をできるだけはやくきき出しましょうというディブリーフィング（Mitchell, 1983）の主張とは異なるものである。もともと、消防士が活動を終え、ミーティングをすることでその後のメンタルヘルスによい影響を及ぼすのではないかという観点からはじまったディブリーフィングでは、グループミーティングに参加しているメンバーには、基本的な安全が保障されている。しかし、災害後は、安全が保障されているとはいえない。被災体験の渦中にいる（△体験）ため、まずは、安全な岸にたどり着く（○体験）ための援助が必要であり、災害・事件後の子どもの心理支援システムを構築するためには、この安全感と安心感の育成こそ、最も重要な体験と考えられる。

第2節　神戸児童連続殺傷事件後の心理支援

1997年5月27日、全国を震撼させる事件が報道された。児童の遺体の一部が中学校の校門の前に置かれ、警察への挑戦状が添えられていた。2月の通り魔事件もその後同一の犯人ということがわかり、後に、神戸児童連続殺傷事件と名づけられた。1か月後に逮捕された中学3年生のA少年は、阪神淡路大震災

のときの政府の対応について、小学生のとき批判的な作文を書いていたことがわかった。この事件を人的災害と位置づけ、子どもの心理支援について述べる。

　文部省は、事件発生3日後に、北須磨地区21校にスクールカウンセラーの緊急配置を決めた。兵庫県臨床心理士会は緊急配置されたスクールカウンセラーのための研修会を開催し、アメリカのディブリーフィングの専門家を講師として招いた。グループワークで、〈あの事件をどこで知りましたか？〉〈そのときどのようなことを思いましたか？〉といきなり事件そのものに関することを尋ねられたことに筆者は違和感を覚え、支援に入った小学校では、この手法は使わなかった。

1　支援の経過

　1995年6月9日（月）：活動打ち合わせのための訪問。ヘリコプターがけたたましく空中を舞う。震災の光景がよみがえる。校長先生からの報告では、事件後、ショックで1日登校できなかった児童が1名いたが、その他はおおむね落ち着いている。その児童も、担任の家庭訪問で、次の日から母親の手をしっかり握って登校しはじめた。教師は、2月の通り魔事件から、ずっと登下校につきそい心身ともに疲労がたまっている。保護者が非常に過敏になっており、その対応が大変であるとの報告を受けた。学校が配布した「スクールカウンセラー配置のちらし」には、初回の活動日（6月16日）には、保護者は1人も来談しなかった。「心のケア」の敷居が高いことは予測していたので、すぐに、「勉強会の開催」についてのちらしを提案した。

(1) 学校保健委員会での活動

　6月16日（月）：はじめての活動の日であった。午前中、だれひとり来談する保護者はいなかった。暇そうにしている私を気遣ってか、養護教諭の先生が、保健室で腹痛を訴えている児童を紹介してくれた。保健室で、その児童に動作法をした。はじめ腰がかちんかちんで動かせなかったが、援助をすると少し腰を動かせるようになった。そして、好きなことを尋ねると、小さな声で飼っている動物の話をはじめた。「へー、○○を飼ってんだ！　すごいね」と私が頷くと、だんだん大きな声になっていった。養護教諭の先生は、あの子があんな大きな

声で話すのをはじめて聞いたと喜んでくれた。午後には、小学5・6年生の健康委員会があるので、私になにかやってほしい、と養護教諭の先生が申し出てくれた。

　私は、ハンカチを丸めてボールをつくった。1995年、被災直後の2月、ある小学校に布ボールを持っていった。自衛隊のテントが所狭しとはりめぐらされていた運動場で、子どもたちは、ほうきをバットにして、三角ベースの野球をはじめた。小学生も中学生もその布ボールで遊んだ。その記憶が蘇る。机を後ろにやって、椅子だけにして、丸くなって座ってもらった。19人の児童がいた。私は、ハンカチボールをぽんとある児童に投げた。ハンカチのキャッチボールがはじまった。ハンカチボールが捕れないほど、強く投げすぎる子。笑いがもれるなか5分ぐらいハンカチボールが続いた。そこで、「今度は心のキャッチボールをしよう」と提案した。「こんなことしたら身体も心もほっとすることって、どんなことか話し合ってください」。4〜5人の小グループになってもらって、5分ほど話し合ってもらった。男子は「スポーツ、サッカー、昼寝、ふろ、サウナ」、女子は「料理」、次々に楽しそうなことがでてきた。

　私は「サウナにみんなではいろう！」と呼びかけた。ある男子が「砂時計をひっくり返す！」と言ってくれた。みんな汗がでて、それを拭う仕草をはじめた。次に、私は「難しいけど挑戦してみたいなって思うことや、いやだなって思うことを話し合ってください」と提案した。いやなことに、ケンカや悪口のことはでてきたが、事件については一切でてこなかった。放課後はクラブもできず、公園でも遊べない、そういった生活が、通り魔事件から3か月ほど続いていた。子どもたちは明るく元気に振る舞っているが、事件は、子どもたちの心を傷つけているとそのとき実感した（冨永, 1998）。

(2) 保護者のグループ勉強会

　保護者の来談がなかったため、用意していたちらしを教頭先生に提案したところ、さっそく印刷して保護者に配布してくれることになった。ちらしには、「子どもたちの心のケアについてのグループ勉強会の開催について」と見出しをつけ、内容として、①ストレス時の子どもたちの心とからだの反応について、②ストレス反応をやわらげる工夫について、とした。グループ勉強会の時間帯は、

子どもが学校にいる午前10時から12時とした。午後は、子どもが帰宅するため、親は子どもから目を離すことができない。子どもたちの元気な歌声が聞こえる状況でこそ、安心して親たちは不安を語ることができると考えたからである。

　6月21日（土）。私は、「その１、まずは、安心・安全な感覚を！　その２、ショックなことや遊べないことの不満を自ら語りだしたら……」と見出しをつけた１枚のリーフレットを用意した。10時前に、ひとりの母親が相談に来た。早口で不安を訴えた。次々に参加者が増え、９名の保護者が集まった。私は「いま子どもたちにどのような反応が起こっていて、保護者の方はどのような思いを抱かれているか」、ひとりずつ話してもらうことにした。

　保護者の不安は、「トイレにひとりで行けなくなった」（小学３年、女子）、「エレベーターには大人がついていても絶対にのらなくなった」（小学４年、女子）、「事件後兄弟けんかが増えている」（小学６年、男子）といった怯えとイライラであった。また、「子どもが怖がらないのが不安」という親の訴えもあった。「ぼくは中学生だから恐くない」「小さい子はなにかわからないので怖がらない」。親としてみれば、適度に怖がってほしいというのが素直な気持ちだった。また、「震災以来、枕元に必ず懐中電灯をおかないと寝ない」、「電灯をつけてないと眠れないといった震災ショックがまだ癒えてないのに、こんな事件が起こって」と嘆く人もいた。「震災はそれでも日々回復していく実感があったが、この事件の恐怖はいつ終わるかわからない」と多くの人が語った。

　「この自立の時期に、親が守るということで、ひとりで買い物にもやれなくなって、そのことが、長い人生にどんな影響を及ぼすのか心配」という声には、次のように答えた。〈『自分の命を守る』という大変な課題を家族や先生、地域の人たちといまやりとげようとしています。この体験は貴重なものです。子どもはこの困難をのりこえる体験をしています。だから、『命を守る。命を大切にする』という課題がやりとげられるなら、ひとりで買い物に行くぐらいのことは、たやすくできることですよ。たとえば、『ぼく、○○君の家に遊びに行きたいんだ。お母さんついてきて』と子どもが言ったとします。そして、お母さんがついて行ったとします。お母さんがついて行ったからといって、決して子どもさんの自立を妨げていることにはなりません。むしろ、子どもは自分の身を守るために『お母さんついてきて』と言うことによって、適切な判断をし、自分の

安全を確保したと言えます。これこそ、自立のテーマをやりとげているといえます。この困難を大人たちの手助けを受けながら、克服していく、それこそ、立派な自立ではないでしょうか。おとなたちの助けをかりて、自分の身を守ろうとしたときは、ほめてあげてください〉

　また、「子どもがトイレについてきて」と怖がることには、2つの対応の仕方があることを話した。ひとつは、親の「ひとりで大丈夫、がんばんなさい」という励ましで、それでは、子どもは「自分は弱いんだ、感じたことを言ってはいけないんだ」と思う。ふたつめは、親が「いいよ、ついていってあげるよ」というかかわりで、子どもは「安心感をプレゼントされ、困ったときは人に相談していいんだ」ということを学びます、と伝えた。また、将来、社会人となり会社に勤め、上司から叱られるというショックを体験したとき、「じっと我慢してひとりで堪え忍ぼうとするか」、「友人に相談しショックをやわらげ、よい方法を探そうとするか」、いま大人のかかわり方で、どちらの対処の仕方を身につけるかが決まりますよ、とリフレイムした。

　グループ勉強会が進むにつれ、保護者たちは、安心感をえる方法を探しはじめた。「友だちの家へ遊びに行くときに電話で確認しているから大丈夫」「防犯ホイッスルの使い方を親子で話し合った」「登下校時、わが子の手を握りしめ、必死の形相では、かえって子どもを不安がらせる」。そういった会話を聞きながら、「自分ひとりが不安ではなかった。気楽に話せてよかった」という感想を全員の参加者が語ってグループ勉強会を終えた。

　6月28日（土）、夜8時30分。犯人逮捕のニュースが流れる。しばらくして、逮捕されたのが中学3年生の男子だと報ぜられる。ショックは二重となった。

　6月30日（月）、2回目のグループ勉強会。逮捕されたのが少年であったことから、保護者の不安は、被害不安だけではなく、「わが子も、あの少年のようになったらどうしよう」という加害不安が高まった。「人ごとではない」と訴える親は、子どもの生い立ちを語るうちに「私、子育てに肩をいからせていたんですね」と語りはじめた。帰り際、「田舎に帰ると『ほっとする』あの感じを思い出しました」とつぶやいた。そしてスクールカウンセラー緊急配置は夏休みに入るまで継続されることになった。7月7日、7月14日とグループ相談、個人面接を行い、スクールカウンセラーの緊急支援の活動は終わった。

2 考察

(1) 学校保健委員会での活動 —— 恐怖の渦中を生きぬくために

犯人未逮捕のなか、放課後外出できない日々が3か月ほど続いていた。恐怖が持続している状況で、安全な場所では安心してというメッセージを体験レベルで子どもたちに送りたかった。そして、恐怖の中でも自分たちにできることがあることをイメージを活用して体験してもらった。子どもたちは、筆者とはじめての出会いにもかかわらず、ハンカチのキャッチボール、心がほっとするイメージを共有した。体験治療論からみた〇△モデルを思い浮かべながら、少しでも〇体験ができるように、子どもたちに働きかけた。

(2) 保護者のグループ勉強会 —— ディブリーフィングからストレスコーピングへ

保護者のグループ勉強会では、ディブリーフィングの手法は用いなかった。今の子どもたちの現状を語ってもらい、その反応の意味を伝え、この恐怖を乗り越えるために大人ができることの知恵を出し合うグループ勉強会を心がけた。1997年には、まだ、ディブリーフィングが世界的に推奨されていた時期であった。その後、ディブリーフィングは有効ではないとする論文（Bisson et al., 1997；Mayou et al, 2000；van Emmerik et al., 2002）が相次いで報告された。そして2001年の9.11同時多発テロ以降、ディブリーフィングは災害・事件後の心理的支援の方法として不適切であると結論され、代わりに登場したのがPFA（Psychological First Aid：心理的応急法）である（Watson & Shalev, 2005）。また、国連の「災害・紛争等緊急時における精神保健・心理社会的支援に関するIASCガイドライン」（IASC, 2007）は、災害被災者に対してディブリーフィングを「やってはいけないこと」と明示するに至った。

一方で、ディブリーフィングの手順の中の「6.Teaching, 7.Re-Entry」については必要な体験と考え、ストレスコーピンググループと名づける方が適切と考えられた。

(3) 寄り添うために必要な活動

村瀬・奥村（2012）は、災害後の心理支援では、「過去の経験や理論は大切だ

が、それをふりかざすのではなく、寄り添うことがなによりも大切だ」と述べている。被災者のニーズに応じて寄り添う支援が基本であるが、被災者にどのようにアクセスすればいいのか、そのこと自体もむずかしい。寄り添うには、災害・事件後の理論と方法が必要なのである。学校が配布したスクールカウンセラー配置の案内には、保護者は一件の来談もなかった。しかし、「子どものストレスについての勉強会」の案内には、毎回保護者が来談した。また、学校保健委員会では、ハンカチボールのやりとりをきっかけに、心のキャッチボールをすることで、心がほっとすることを分かち合った。すなわち、寄り添うためには、方法が必要であり、それを体系化することが、災害・事件後の心理支援の重要な視点といえる。

　また、日常の心理臨床の枠組みでは、契約が明確である。しかし、被災地ではどこのだれでどのような活動をする人かを瞬時に伝える必要がある。また、「心理支援」いわゆる「心のケア」が必要な体験であることは多くの人が認める一方、「心のケア相談室」への敷居は高い（冨永, 2006）。

　阪神淡路大震災後の避難所での動作法を活用した被災者への心理支援と神戸児童連続殺傷事件後の子どもへの心理支援の経験から、なにより安全感の確立、そして、安心感が育成される心理支援の実際が必要であることがあきらかになった。安心感を育成するためには、①心理支援提供者が何者であり、どのような支援ができるかを簡潔に伝える方法、②リラックス動作法のように身体からの安心感とハンカチのキャッチボールのように動作を通したほっとするコミュニケーション体験、③今起こっている心身反応や体験を共有すること、④心身反応や今の課題に対処する方法を学ぶ心理教育の4点が必要と考えられた。

第 3 章

台風23号豪雨災害後とインド洋大津波後の心理支援と心理教育のためのトラウマ・ストレス尺度

　本章は次の2つを検討することを目的とする。1つは、自分の心とからだの反応を知るための「心理教育のためのストレス尺度」の信頼性と妥当性で、台風23号豪雨災害後の小中学生を対象として行った。もう1つは、「心理教育のためのストレス尺度」とそれらの反応に対する適切な対処法を学ぶことをセットにした授業案を、インド洋大津波から約2年後のインドネシア・アチェの高校で実践した。そのプログラムの安全性についてである。なお、学術的にはこれを「心理教育のためのトラウマ・ストレス尺度（Post Traumatic Stress Reactions for psycho-Education; Ptsr-ed ver.1）」と呼び、実践においては「心とからだのストレス・アンケート」ないし「心とからだのストレス・チェックリスト」と呼んでいる。

第1節　台風23号豪雨災害後の心理支援と心理教育のためのトラウマ・ストレス尺度

　2004年10月に発生した台風23号豪雨災害は、全国で死者・行方不明97名という甚大な被害をもたらした。兵庫県では、豊岡市、氷上町、西脇市、西宮市、淡路島を中心に県内の広い範囲で大きな被害がでた。県内の死者26人。但馬では円山川の堤防が決壊し豊岡市で約8,300棟、日高町で約1,000棟の、出石町では出石川が決壊し500棟の床上床下浸水があった。淡路島では洲本市で約3,100棟、津名町で約700棟、西淡町で約800棟の床上床下浸水となった。
　兵庫県臨床心理士会は、高橋哲スクールカウンセラー・スーパーバイザーを中心に各地の教育委員会と連携し、子どもたちの心のケア活動に従事した。被災地区では1週間後に教師のための心のケア研修会を実施し、次いで、各地区

で保護者への心のケア研修会が行われた。被災した地域の市教育委員会は、心とからだのストレス・アンケートを、災害から3週間〜1か月の間に実施した。なお、幼稚園児から小学3年生までは、保護者が回答する「保護者からみた子どもの心とからだのアンケート」が実施された。このアンケート結果と教師による日常の観察、保護者の希望により、スクールカウンセラーによる個別カウンセリングが実施された。すなわち、本アンケートは、当該教育委員会および学校（担任・スクールカウンセラー）が子どもの個別ケアのために活用するという支援システムの下で実施された。

1　目的

自分の心身反応をチェックし、トラウマ・ストレスを理解するための尺度を作成し、その妥当性と信頼性を検討する。

2　方法

①対象：本研究の対象児童生徒は、A市およびB市C地区の公立小学4年生〜6年生および中学1年生〜3年生であった。Tab.3-1に学年・男女構成を示す。

なお、一部項目に回答していない場合は、欠損値としてデータから除外された。

②尺度の項目：参考にした項目は、IES-r（Weiss & Marmar, 1997）、CPTS-RI、PTSSC15（冨永・高橋・加治川・住本・吉田, 2002）や服部・山田（1999）の「自分を知ろうチェックリスト」である。過覚醒、再体験、回避マヒ、否定的認知、重要な生活行動の5つのカテゴリーと、肯定的認知の2項目から構成した。災害や事件後の心のケアに従事してきた3名の臨床心理士により精選し作成した。肯定的認知の2項目は、心理教育的なメッセージを送るための項目として設定された。回答は、3. ひじょうに

Tab.3-1 ◆ 学年と性別の対象人数

学年	男	女	合計
小学4	171	185	356
小学5	206	142	348
小学6	199	160	359
中学1	178	181	359
中学2	194	179	373
中学3	190	193	383
合計	1138	1040	2178

ある、2. かなりある、1. すこしある、0. まったくない、の4件法とした。

　③被害と恐怖の項目：PTSDのA基準を参考に、1）被害がどの程度であったか？（台風23号の被害は、1. なかった、2. すこしあった、3. かなりあった、4. ひじょうにあった）、2）そのときの恐怖はどの程度であったか？（被害にあったとき、1. こわくなかった、2. すこしこわかった、3. かなりこわかった、4. ひじょうにこわかった）を尋ねた。被害体験の詳細な質問は、回答者に不快な感情を引き起こすため、設定しなかった。この2項目は、本尺度の基準関連妥当性を検討するために用いられた。

3　結果

　①因子分析の結果：回答に欠損のない2,051名のデータを対象に、因子分析を行った。主因子法により因子負荷量を求め、固有値1を基準に5因子を抽出し、プロマックス回転を行った。第3因子～第5因子のα係数が、0.700以下であるため、最尤法、プロマックス回転による探索的因子分析を行った。その結果、2因子構造が妥当と考えられ、因子負荷量が0.350以下の項目5、項目11、項目12、項目13を除外して、再度因子分析を行った（Tab.3-2）。

　第1因子は、再体験（項目9、10、7、8、6）、回避（項目14）、過覚醒（項目1、4）、恐怖安全確保（項目18、25）、過覚醒（入眠困難）と再体験（中途覚醒）（項目3）によって構成されており、「トラウマ」と命名した。第2因子は、他者不信（項目24）、孤立無援感（項目22）、無力感（項目21）、不信感（項目17）、興味減退感（項目16）、登校意欲減退感（項目20）、自責感（項目23）から構成されており、「否定的認知」と命名した。

　②基準関連妥当性の検討：被害の程度、および被害時の恐怖の程度と、本尺度との関連を検討する。「S15 ゲームやインターネットばかりしている」は、すべての因子において因子負荷量が低かった。そのためS15を除いた24項目の合計得点（Ptsr-ed得点と呼ぶ）をデータとし、被害得点、恐怖得点との関連を検討した。

　a. 被害得点とPtsr-ed得点：被害得点のそれぞれを群として、Ptsr-ed得点の平均値と標準偏差をTab.3-3に示した。一要因分散分析の結果、有意な差がみられ（$F(3,2007)=53.6, p<0.001$）、多重比較の結果、4群間いずれも有意な差が

Tab.3-2 ◆ 災害・事件後の心理教育のためのトラウマティック・ストレス尺度の因子分析（2因子）

	因子	
	1	2
トラウマ　α＝0.833		
S 9　そのことが頭からはなれない	0.823	-0.131
S10　考えるつもりはないのに、そのときのことを考えてしまう	0.759	-0.041
S 7　ふいにそのことを思い出す	0.757	-0.076
S 1　心配でおちつかない	0.606	-0.052
S 8　またそんなことがおこりそうで心配だ	0.580	-0.057
S 6　そのことの夢やこわい夢をみる	0.508	0.114
S 3　眠れなかったり、とちゅうで目がさめたりする	0.414	0.175
S14　そのことを思い出させるものや人、場所をさける	0.413	0.075
S 4　ちいさな音にびくっとする	0.402	0.197
S18　こわくて、ひとりでいられない	0.397	0.115
S25　いつもおとながいっしょでないと心配だ	0.382	0.090
否定的認知　α＝0.717		
S24　だれも人は信用できないと思う	-0.086	0.631
S22　ひとりぼっちになったと思う	0.054	0.626
S21　どんなにがんばっても意味がないと思う	-0.076	0.589
S17　だれとも話したくない	-0.020	0.492
S16　楽しいことが楽しいと思えなくなった	0.115	0.470
S20　学校にいきたくない	0.027	0.444
S23　自分のせいで悪いことがおこったと思う	0.174	0.433
因子相関		0.475

認められた。

　b.恐怖感得点とPtsr-ed得点：恐怖感得点とPtsr-ed得点の関連を示したのが、Tab.3-4である。同じく一要因分散分析の結果、有意な差がみられ（$F(3,1817)=113.4, p<0.001$）、多重比較の結果、4群間いずれも有意な差が認められた。

　③自由記述欄の感想の結果：Tab.3-5にPtsr-ed得点の高得点者20名の感想を、Tab.3-6に、Ptsr-ed得点の0点の10名の感想を示した。

　Tab.3-5からわかるように、Ptsr-ed得点の高い者は被害得点や恐怖得点が高い者が多く、感想もトラウマ反応の記載が多かった。一方、Tab.3-6のPtsr-ed得点が0点の者は、手伝いをしたことや周りの人を心配する感想が多かった。

Tab.3-3 ◆ 被害得点とPtsr-ed得点

被害は	人数	平均値	標準偏差
1 なかった	1103	4.12	5.56
2 すこしあった	682	5.48	6.58
3 かなりあった	198	7.69	8.16
4 ひじょうにあった	141	10.78	10.19
合計	2124		

Tab.3-4 ◆ 恐怖感得点とPtsr-ed得点

被害にあったとき	人数	平均値	標準偏差
1 こわくなかった	1084	3.81	5.48
2 すこしこわかった	648	6.7	7.11
3 かなりこわかった	108	10.4	7.34
4 ひじょうにこわかった	64	16.26	11.65
合計	1904		

Tab.3-5 ◆ Ptsr-ed得点の高得点者20名の感想

通番号	学年	性別	被害得点	恐怖得点	ptsr-ed得点	感想
1	小6	男	2	1	56	（意味不明のことも記載）
2	小4	女	4	4	47	もう、何にも、思い出せれない。考えられない。こわくて、ゾワゾワする。
3	小5	女	4	2	47	すごくドクドクしてきた
4	小5	女	3	4	46	いつ、また、なにがおこるかわからないのですごくしんぱい

（次頁に続く）

5	小5	男	4	2	43	○○○でつらい。なぜかいつもびんぼうゆすりをする。いつもぼーとする。
6	小5	女	4	4	43	台風だけでなくじしんのことを考えると一人でいられなくなる。
7	小4	女	3	2	41	
8	小5	男	1	1	40	ちかくの家が心配です。
9	小4	女	3	4	38	自然の力がわかった。もうあんなたいけんしたくない。もう台風はこないでほしいとおもう。
10	小5	男	1	1	37	台風23号であった
11	小5	女	4	2	37	うら側の倉庫の中に水がたくさん入り、つかえなくなった物もたくさんあります。こんなにひどい事が起きるなんて、思いも考えもしませんでした。後始末も大変でした。ほこりもいっぱいでいつもマスクもしています。
12	小4	男	1	4	36	こわい
13	中1	男	1	1	36	早く、ふつうの生活に戻りたいです。ときどき、こわい夢をみたり、おなかがいたくなる時があります。○市も、台風たいさくをとった方がいいと思います。
14	小5	男	2	2	35	
15	中1	女	1	1	34	ひじょうに、悲しいと、思っています。
16	小5	男	2	3	34	台風が怖かった。また来たら家はつぶれそうになるかも。もう来ないでほしい。いつも台風が来たら休みになってほしいと思ってたけど、台風23号みたいな台風がまた来たらいやだからもう台風はキライだし来年は1つもこないでほしいです。今は学校に来ないで家の手伝いをしたいです。でもお父さんも仕事でがんばっているから私もがんばりたいです。
17	中1	女	4	4	33	台風は、チョーこわくて、親が居なかって、呼んでも居なくて、妹がいたし、自分が助けなければならないと思って、感情がおさえきれなくて、泣いてしまいました。けど、今は、感情が普通になりました。
18	小5	女	1	2	33	また同じことが今度も起こりそうでこわい。
19	中1	男	1	1	33	被害があったほうのこと思い出してしまう。
20	中2	女	3	4	32	今は学校に行きたくなかったり怖くて一人でいられない。急に不安に感じたり、勉強に集中できなかったりします。

Tab.3-6 ◆ 心とからだのストレス・アンケートの自由記述欄の感想（Ptsr-ed低得点者）

通番号	学年	性別	被害得点	恐怖得点	ptsr-ed得点	感想
21	中3	男	1	1	0	自分の家は全くと言っていいほど被害はなかった。でも登下校の途中に被害にあった家を見ると「1か月経ったのに」と思うことがある。元の生活に戻れるのはいつか分からないけど、早くもとの生活に戻って欲しい。
22	中3	男	2	1	0	自分の家の被害はほとんどなかったけど、○にボランティアにいってすごい台風だったと思った。
23	中3	男	2	1	0	この台風で起こったことは、忘れてはないけど今は自分の家や自分にとって被害はなくなったので、気持ちとしては楽というか普通な状態。
24	中3	男	2	1	0	今回の台風でボランティアに行ったりするなどして、人が助け合うということが大切だと思った。
25	中3	男	2	1	0	台風が来て1か月たった今でもまだ家の片づけが終わっていないところがあって大変だなあと思う。
26	中3	男	2	1	0	僕は台風ではあまり被害を受けなかったから、今はほとんど台風のことを気にしていない。
27	中3	女	1	2	0	自分の家は全く被害がなかったけど、○や△の人たちは大変だったと思う。それでも元の生活に戻れるよう頑張ってほしいと思った。
28	小5	男	1	1	0	ごくふつう
29	小5	女	1	2	0	ひがいにあった人に、手伝いやいろんなことをしてやりたい（かたづけとか）
30	小5	女	1	1	0	家は被害にあって道路や学校も被害にあっていままででこのすごい台風ははじめてだった。

4　考察

　心理教育のためのトラウマ・ストレス尺度の因子妥当性については、探索的因子分析の結果、5因子では、再体験は回避マヒの1項目を除いて、ほぼまとまって構成された。過覚醒は身体的不調の1項目を含み、項目4の「小さな音にびくっとする」は第4因子の恐怖安全確保に含まれた。回避は第5因子で、3項目でまとまった。しかし、信頼性の指標であるα係数が、第3因子以下は

0.700以下であり、特に、第5因子は0.502と低かった。そこで、再度因子分析を行ったところ、過覚醒・再体験・回避マヒは1つの「トラウマ反応」と第1因子を構成し、第2因子が否定的認知の項目から構成された。α係数も0.700以上であり、信頼性が確認された。

　基準関連妥当性の検討として、他の尺度を同時に実施して併存的妥当性を検討することは、災害後の状況では項目数が増え、子どもに過度の負担を強いることになり、倫理的に許されない。そこで、DSM-ⅣのA基準を参考にして、被害の程度と恐怖の程度の2項目を設定し、Ptsr-ed得点との関連を検討した。その結果、被害、恐怖の度合いが強くなるほどPtsr-ed得点が高くなった。そのため、心理教育のためのトラウマ・ストレス尺度の基準関連妥当性が確認された。

　また、最後の自由記述欄に記載された感想は個別相談で特に活用できる貴重な情報であることが、Ptsr-ed得点の高得点者と低得点（0点）者の質的データの比較からあきらかになった。

第2節　インド洋大津波後の心理支援プログラムの実践

　2004年10月に台風23号豪雨災害と新潟中越地震が発生した。その同じ年の12月26日、スマトラ沖巨大地震によりインド洋大津波が発生、20万人以上の犠牲者をだした。国際的な教員組織であるEducation International（EI）は、スリランカとアチェの子どもたちの心理支援のために、学校再建とトラウマ・カウンセリング・プロジェクトを企画した。EIは、日本教職員組合を通して、兵庫県教育委員会の震災・学校支援チーム（EARTH；Emergency And Rescue Team by school staff in Hyogo）にそのプロジェクトの講師を依頼し、筆者はEARTHのメンバーの1人としてそのプロジェクトに参加した。スリランカもインドネシア・アチェも内戦状態であり、またアチェは97％が厳格なイスラム教徒であるため、文化と宗教への配慮が特に重要であった。阪神淡路大震災から中越地震・台風23号豪雨災害などの子どもの心理支援の知識と方法が海外でどのように役に立つのか、不安を抱えての海外での支援活動であった。

　スリランカでは事前打ち合わせ会で、災害トラウマによるPTSDなどのストレス障害への治療法に関しては十分な知識があるので、海外からの支援は不要

だと現地の精神科医が日本チームの支援の申し出を断った。しかし、事前調査で派遣された高橋哲が、教師がどのように被災地域のすべての子どもにかかわったらよいかについての理論と方法があることを伝えたところ、是非、プロジェクトをお願いしたいと支援要請の申し出があり、海外での心理支援がはじまった。

本節の目的は、津波被災を受けたインドネシア・アチェの高校生へストレスマネジメントと心理教育とトラウマ・ストレス尺度から構成された示範授業により、集団でトラウマ反応を自らがチェックすることで不快感や嫌悪感が生じず、その後の個別支援につなぐことができるかを検討することである。

1　支援の経緯と背景

Education International（EI）は、スリランカとアチェの子どもたちの心のケアのために、トラウマ・カウンセリング・プロジェクトを企画した。2005年6月から7月の間に、スリランカとインドネシア・アチェにて、現地の教師約30名を集めて、12日間の研修会が開催された。そのうちはじめの5日間は兵庫県教育委員会が組織するEARTHのメンバーが講師を務め、残りの7日間は現地の心理学者と精神科医が講師を務めた。筆者はEARTHのメンバーの1人として現地の教師にストレスマネジメント授業の方法を伝達した（冨永・高橋, 2005）。特にインドネシア・アチェでは、参加した教師自身が家族を失い、家屋を破壊されていたというトラウマを抱えていた。そのため、教師自身へのトラウマ・カウンセリングが必要であった。その後、4年間、学長裁量経費や科学研究費により、毎年、インドネシア・アチェを訪問し、教師とカウンセラーへの研修会を企画した。

災害後、心とからだの変化を知る「トラウマ・ストレスアンケート」は、個別の心理支援のみならず、長期の支援においても有効であった（兵庫県教育委員会, 2005）。しかし、トラウマ・ストレスのアンケートは、その実施のみでは児童生徒に再体験反応を引き起こすことがある。そこで、より安全に、トラウマ・ストレスアンケートを実施するための工夫が求められていた。

2　高校生へのトラウマ・ストレスマネジメント授業

(1) 目的

津波で家族を亡くしたり被害にあった高校生に対し、心理教育と「心理教育のためのトラウマ・ストレス尺度（Ptsr-ed）」とストレスマネジメントを含むトラウマ・ストレスマネジメント授業を実施し、心理的に不安定になる生徒がいないかを検討することを目的とする。

(2) 方法

①対象者：参加者は高校生42名（家族を亡くした者は31名、津波を直接経験した者18名）であった。実施した高校は海岸から約5kmほどの位置にあった。参加者は、とりわけ被災状況の厳しい生徒を学校が募った。

②実施日時：津波から約2年後の2006年12月8日午後2時から3時30分であった。

③実施場所：高校の礼拝室にて、高校教師数名がいっしょに参加して行われた。日本側からは日本赤十字の関係者2名も同席した。

④プログラム内容：プログラムの構成にあたっていちばんの留意点は、セッション後に参加者が不快な状態にならないように工夫することである。そこで、Tab.3-7に示すような留意点の下に、プログラム内容を構成した。

また、Tab.3-8にプログラム内容を記載した。

⑤ストレスとトラウマの心理教育：まず、緊張した表情絵を見てもらい、「どんなときに緊張した顔になりますか？」と日常のストレッサーについて尋ねる。次に「緊張したときには、どんな工夫をしますか？」とストレス対処について話し合い、ストレスとなる出来事があっても、対処する方法があることを伝える。つぎに、トラウマとなる出来事（台風、津波、いじめ）があったときには、過覚醒・再体験・回避マヒ（インドネシア語にしたカードを貼っていく）といった反応が生じるが、いずれも対処する方法があることを伝える。

そして、日常のストレスと同様、それらの反応に対しても対処できることを強調し、「落ち着くこと」と「話を聴いてもらう」ことが大切であると伝える（Fig.3-1参照）。

Tab.3-7 ◆ トラウマ臨床におけるストレスマネジメントの留意点

1	参加者の個人的な出来事の体験内容の開示を極力控える
2	ストレスやトラウマの仕組みをわかりやすく伝える
3	どんな反応が生じても対処する術があることを伝える
4	回復のストーリーを強く伝える
5	気持ちが落ち着く体験活動をとりいれる

Tab.3-8 ◆ ストレスマネジメント・プログラムの概要

1	トラウマの心理教育
2	心理教育のためのトラウマ・ストレスアンケート（Ptsr-ed）
3	今の気分調査票
4	体験ワーク a）眠るための漸進性弛緩法 b）がんばり方と気持ちの切り換え c）絆のワーク
5	今の気分調査票と感想

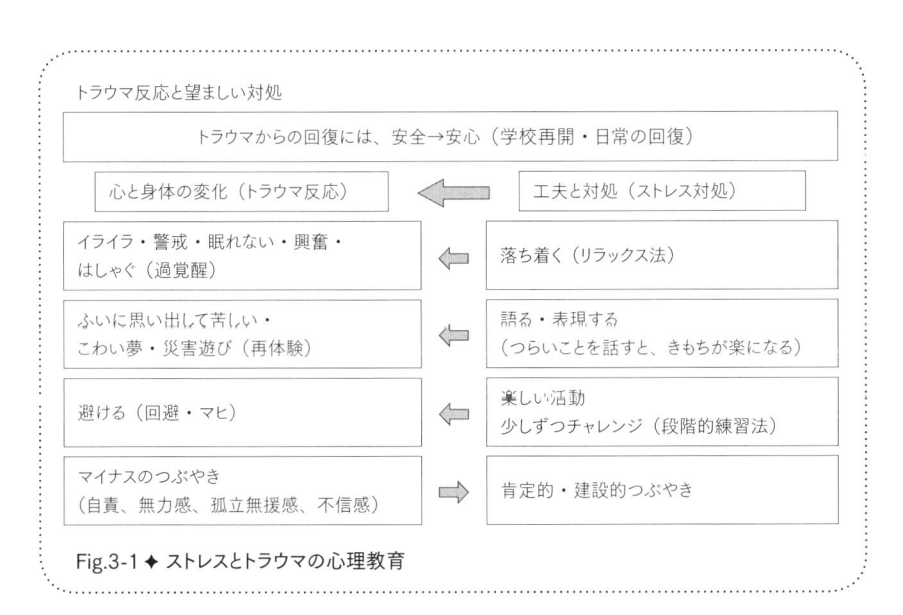

トラウマ反応と望ましい対処

トラウマからの回復には、安全→安心（学校再開・日常の回復）

心と身体の変化（トラウマ反応） ⇐ 工夫と対処（ストレス対処）

イライラ・警戒・眠れない・興奮・はしゃぐ（過覚醒） ⇐ 落ち着く（リラックス法）

ふいに思い出して苦しい・こわい夢・災害遊び（再体験） ⇐ 語る・表現する（つらいことを話すと、きもちが楽になる）

避ける（回避・マヒ） ⇐ 楽しい活動　少しずつチャレンジ（段階的練習法）

マイナスのつぶやき（自責、無力感、孤立無援感、不信感） ⇒ 肯定的・建設的つぶやき

Fig.3-1 ◆ ストレスとトラウマの心理教育

⑥心理教育のためのトラウマ・ストレスアンケート（Ptsr-ed；冨永・小澤・高橋, 2005）

　津波の被害度（１．なかった、２．少しあった、３．かなりあった、４．非常にあった）と津波による家族の犠牲の有無・家の被害（全壊、半壊、無）・直接の津波体験の有無、被害時の恐怖度（１．こわくなかった、２．少しこわかった、３．かなり

Tab.3-9 ◆ 今の気分調査票（インドネシア語版と日本語版）

Bagaimana perasaan anda sekarang? (nanti)　　　　　今の気分は？（あと）
　　　　　　　　　　　Nama（　　　　）　　　　　　　　　　　　　　　　　　　　なまえ（　　　　）

Bagaimana perasaan anda sekarang?
Silakan baca pertanyaan dibawah ini dan ligkari nomor yang paling sesuai.

Q Apa yang saya rasakan sekarang…	Tidak sama sekali	Sedikit saja	Agak banyak	Sangat amat	
1　tegang	0	1	2	3	
2　khawatir	0	1	2	3	
3　marah	0	1	2	3	
4　kesal	0	1	2	3	
5　sedih	0	1	2	3	
6　takut	0	1	2	3	
7　capei	0	1	2	3	
8　lelah	0	1	2	3	
9　tidak dapat berpikir tajam	0	1	2	3	Jumlah (1-10) nilai
10　tidak dapat berkonsentrasi	0	1	2	3	
11　penuh semangat	0	1	2	3	
12　segar	0	1	2	3	

Komentar

今のあなたについてしつもんします。あなたは、次に書いてあるいろいろな気持ちや体のかんじにどのくらいあてはまりますか。いちばんあてはまるところに、ひとつだけ○をつけてください。

しつもん いまは	あてはまらない	すこしあてはまる	かなりあてはまる	ひじょうにあてはまる	
1　きんちょうしている	0	1	2	3	
2　しんぱいだ	0	1	2	3	
3　はらがたつ	0	1	2	3	
4　いらいらしている	0	1	2	3	
5　かなしい	0	1	2	3	
6　こわい	0	1	2	3	
7　つかれている	0	1	2	3	
8　ぐったりしている	0	1	2	3	
9　かんがえられない	0	1	2	3	1-10の合計
10　しゅうちゅうできない	0	1	2	3	
11　げんきいっぱいだ	0	1	2	3	
12　きぶんがすっきりしている	0	1	2	3	

この授業の感想

こわかった、4．非常にこわかった）、過覚醒6項目、再体験6項目、回避マヒ6項目、否定的認知4項目、生活障害5項目、肯定的認知2項目の計29項目、今の気持ちについての自由記述とした。個別の支援が目的であるため記名式とした。インドネシア語の翻訳は、インドネシアに30年間在住しており、日本政府要人がインドネシアを訪問したときに通訳を務めた経験のある人に依頼した。インドネシアに10年在住の日本人通訳者によりバックトランスレーションを行った。

⑦気分調査票（冨永，2005；中山・永浦・寺戸・冨永，2009）

1～2分で実施できる気分チェックを実施する。「いま、イライラしている」「いま、かなしい」など12項目で、セッションの終わりにも同じものを実施し、参加体験が実施者にわかるようにする。また、終わりの調査票には、感想欄を設け、セッションの感想を書いてもらう（Tab.3-9）。

そのことで、不快な感情のままでセッションが終わっていないかを確認できる。「今のストレス得点」は、ポジティブ気分の11項目と12項目を逆転項目とし［（3-11項目素点）＋（3-12項目素点）＋（1項目から10項目の素点の合計）］の得点とした。

⑧体験ワーク

眠りのための漸進性弛緩法、絆のワークなどの体験ワークを行う。ストレスやトラウマへの集団で行うことができる体験ワークを提案する。

(3) 結果

①セッションの様子：女性と男性が左右に分かれてすわり、私語もなく真剣な表情で、筆者の語りと通訳の話に耳を傾けていた。ある高校生は、日常のストレスの話題で「友だちと話していて悲しくなる」と手を挙げて語った。セッション終了後、校長先生の依頼で、その生徒とは個別のカウンセリングを実施した。トラウマ・ストレスアンケートや気分調査票に熱心に記入していた。

Fig.3-2に、参加者42名のセッション前後の気分得点の変化を示した。42名中38名が気分得点が減少し、変化なしは2名、1～2点の増加は2名であった。また、自由記述欄の一部の生徒の感想をTab.3-10に示した。同席した校長・教師たちは、この授業を教師たちにも是非実施してほしいと語った。

また、セッションのふりかえりの感想を、気分調査票に記入してもらった。その結果の一部をTab.3-11に示す。

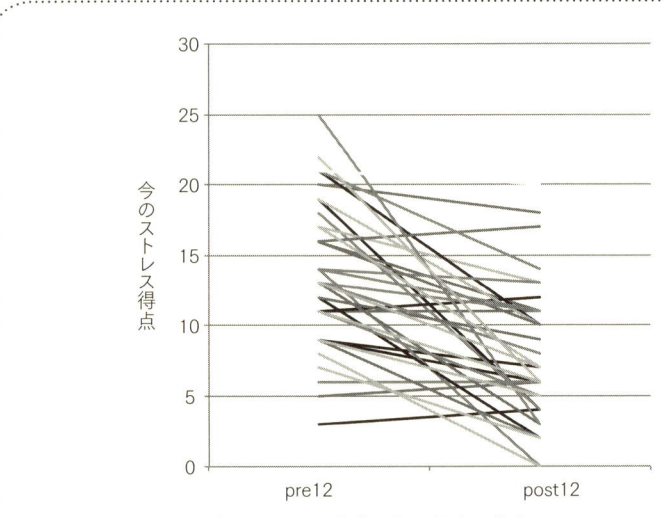

Fig.3-2 ◆ 参加者42名のセッション前後の気分得点の変化

(縦軸：今のストレス得点　横軸：pre12, post12)

Tab.3-10 ◆ アチェの高校でのトラウマアンケートの自由記述の一部

私の生活は苦しい。住むところがありません。しかたがないのでバラックに住んでいます。私はそこに住みたくありませんが、ほかにいくところがないからです。
また地震が起こるのでは、津波がおこるのではないかと、こわさ、トラウマ、かなしみ、そして心配がときどきおきてくる。
時々自分は地震そして津波が再び起こるのではと思う。そして自分の家族を失うのではとこわくなる。
たくさんの外国の人たちからのまだすべてではありませんが支援をいただき、うれしく思います。
地震後私は余震があったり大きい音や人がどなったりしているのを聞くとこわく感じます。
現在の私は、この出来事を決して生涯忘れることができないでしょう。災害が生じて我々は認識し、良い行為をしようとしています。しかし、今は少し落ち着いたように思います。そして、私の生活はよりよくなったと思います。
津波後に比べていまは楽しく少しあかるくなった。でもまた同じ事がおこると思うとまだ緊張する。
２年前の津波について自分でうけいれることができるようになった。今いきていることの価値、すなわち津波の犠牲者が手にいれることができなかった時間をあたえられた。この時間を以前より有効的に使うこと。自己コントロールができれば無駄はない。

Tab.3-11 ◆ アチェの高校でのセッションのふりかえりの気分調査票の自由記述の一部

いま、リラクセーションを行って、私はもっとフレッシュな気持ちになり、やる気が増加した。時間があれば、家でもやってみたい。私は、リラックス／落ち着いていると感じます。
今回のリラクセーションが自分にとって有益になることを確信する。
もし再度津波がバンダアチェにおそったとしたら、自分は心身をまかせる。そしてお祈りする。でも今の自分はより落ち着いて、よりたのしく感じる。そして神にゆだねる。
津波がおきたときよりも今現在、より落ち着いていると感じる、また、より幸せとも思う。
いま、私は落ち着いています。私の思考力も落ち着いています。住むところもあり、私の親も仕事ができるようになりました。
前に比べて安心感を感じ、よくなっている。
前に比べいまのほうがよくなっていると感じる。
前に比べて安心感を感じ、よくなっているいま現在はよりよくなっていると感じる。
リラクセーションを行ってからの自分はよりおちつき、フレッシュでやる気満々、前よりももっとがんばろうという気持ち。
私の意見、アチェに二度と津波がおきないように祈る。こわいです。
問題なく元気よくいかなる仕事もすることができる。
災害が再び起こるというこわさや緊張が少しやわらいだ。
より落ち着いて安心感を感じる。
トレーニングをしてからもっと気持ちよくまたフレッシュな気持ちになった。
いまは落ち着いています。日本から日本人が私たちの学校へきてくださり、私たちをなぐさめてくださいました。

　ほとんどの感想は、このセッションが安心の体験をもたらしたことを示している。

(4) 考察

　いちばんの留意点は、トラウマ・ストレスアンケートにより、心身状態を悪化させないことである。そのため、個人のトラウマ体験の開示を求めずに、①ストレスやトラウマについて学ぶ心理教育、②自分自身のストレスやトラウマを知る、③トラウマ反応に対する望ましい対処を体験する、の3点を骨子とし

た。望ましい対処の体験は、参加者同士の絆を深めるワークや落ち着くための方法である。

津波から2年後の高校生の多くが、自由記述に、また津波が来るのではないかとの不安を記載していた。自分自身のストレスやトラウマをアンケートによって知ることは、自分の中にある不安や恐怖と向き合うことになる。阪神淡路大震災後に被災地の学校で行われたトラウマのアンケートによって、何人もの児童生徒が不安定になったという報告がなされた（兵庫県臨床心理士会, 1997）。回避による対処を行っている者は、普段、トラウマに向き合わないことで日常生活をしのいでいる。しかし、この回避が短期的にはよい対処でも、長期にわたると日常生活を阻害し、人生に大きなマイナスの影響を及ぼすことが知られている（Vermilyea, 2000）。そのため、「ストレスやトラウマについて学ぶ心理教育」と「トラウマに対して望ましい対処」を体験してはじめて、自分のストレスやトラウマを知ることに意味が生まれてくる。

ストレスマネジメント技法は、さまざまな心理療法での体験のエッセンスを集団で行えるようにアレンジしたものを活用している。「避けてしまっている（回避）ときは、少しずつチャレンジだよ」というメッセージは、認知行動療法の実生活内曝露（in vivo exposure）（Foa, Hembree, & Rothbaum, 2007）をモデルにしている。「こわかったことを思いだしたときは、安心できる人にお話しすると、こわかった気持ちが小さくなるよ」というメッセージは、イメージ曝露がその理論的背景である。しかし、集団のセッションで、すぐに「語り合いましょう」という提案はしない。トラウマ体験の語り合い・分かち合いは、トラウマの心理教育が浸透し、落ち着くための方法を身につけ、ソーシャルサポート力が高められた集団に対してはじめて実施できる。ないしは、トラウマ体験の開示は、個別の心理療法で取りあげるべきである。

また、集団でのプログラムから、個別のカウンセリングや相談につなげることもできる。トラウマのストレスマネジメント技法の普及は、多くの被災者が重いトラウマ反応を抱えていても治療機関や相談機関へ行かないことへのひとつの対策として考えられるかもしれない。アチェの高校では、プログラム中に気になる発言をした生徒は、校長からの依頼で、カウンセリングをその直後に実施した。カウンセリングでは、両親とともに津波に巻き込まれ、自分だけが

助かったと涙ながらに語った。また、毎日津波の悪夢で目が覚めると訴えた。イメージ動作法により悪夢を想起したときの苦痛度が下がり、両親が自分を励ましている夢の想起によって、おだやかな表情となった。イメージ動作法のあと教師に奨学金の申し出をしていないことが語られ、面接終了後に、現地のコーディネーターにそのことを伝えた。

　ストレスとトラウマの心理教育、ストレスマネジメント、自分のストレスとトラウマを知るチェックリストの4つのセットで1つの授業を構成し、さらに、個別相談態勢を組むことが、災害後の心理支援にとって必須のプログラムであることが確認された。

第 4 章
中国・四川大地震後の専門家支援研修

　本章の目的は、四川大地震後の中国の心理専門家への短期研修により発災から2週間後と発災から10か月後の心理援助研修会での参加者の疑問・質問をKJ法により整理分類し、それらの質問に対する応答も記載し、カウンセラーや教師への研修のあり方をあきらかにすることである。

　2008年5月12日午後2時28分、マグニチュード8.0の地震が中国四川省・汶川県を震源として発生し、死者69,197人、行方不明18,222人、負傷者374,176人（2008年7月現在）の甚大な被害をだした。日本政府は、すぐさま緊急救援隊を被災地に派遣し、倒壊した家屋からの人命救助にあたった。生存者を救出することはできなかったが、亡くなった母子を囲んで黙禱を捧げる緊急救援隊員の写真は、中国のメディアで繰り返し流され、中国人民の対日感情に大きな影響を及ぼした。

　中国では、1976年24万人以上の死者をだした唐山地震など、過去に大規模災害はあったが、当時は文化大革命の最中であり海外からの支援を一切受けなかった。四川大地震は海外からの人的支援を受けいれたはじめての大規模災害といえる。

　四川大地震後には、中国国内から千名を越える「心理援助」（中国では、心のケアをこう呼んでいる）のボランティアが被災地で活動した。地震から4日後、中国心理学会幹部から、吉沅洪（中国人で臨床心理士取得第1号）をとおして、日本心理臨床学会に、日本の心のケアの知識提供の依頼がなされた。その後大学や中国心理学会から心理専門家への研修依頼がなされ、日本心理臨床学会と日本臨床心理士会は共同でチームを組織し、同年5月末と7月初めの2度、中国心理専門家約700名に、2～3日の研修会を行った。このように海外からの研修支援を積極的に受けいれながら、中国心理学会は、四川大地震後の心理援助を

組織的に展開していった。

第1節　日本心理臨床学会派遣による四川大地震後の中国専門家支援研修会

　中国・四川大地震後の心理支援は、諸外国からも多くの支援がなされている。しかし、災害を経験し中長期的な支援の必要性を明示できるデータを持っている国はほとんどない。そこで、本節の目的は、研修会での心理専門家の質問を質的に分析し、大規模災害直後（1～3か月以内）における海外からの心理的支援のあり方を明らかにすることである。それらの結果に基づき、西欧において発展してきた心理的支援の方法を参考にしながらも、アジア独自の災害後の心のケア活動支援に関する方法と理論の基本的枠組みを考察する。また、大規模災害後の子どもの心理支援のプログラム案と教師や心理専門家への研修プログラムをあわせて検討する。

1　活動の概要

(1) 第一次派遣までの経緯

　2008年5月16日に、中国心理学会幹部から吉沅洪に、災害後の心のケアの資料送付の依頼があった。吉沅洪は、日本心理臨床学会国際交流委員長に連絡をとり、5月17日の常任理事会で「中国での地震の被災者への心理的支援のための事業に日本心理臨床学会は日本臨床心理士会と協力して積極的に協力する」と決定した。吉沅洪が臨床心理学専攻の中国人留学生らの翻訳チームを立ち上げ、資料をe-mailで中国心理学会幹部へ送付した。資料の中でも、ディブリーフィングが現在世界的に推奨されていないことを記述している論文（広常・小川, 2003；金, 2002；5月24日送付）は、中国心理学会理事長によってすぐにその訳文が中国心理学会会員に配布された。2008年5月21日、西南大学心理学院学部長から、正式に日本心理臨床学会理事長宛に派遣要請のメールが届いた。

(2) 第一次派遣の活動内容

　冨永良喜・高橋哲・吉沅洪・小林朋子の4名が派遣され、Tab.4-1に示す活

動を行った。

Tab.4-1 ✦ 心のケア研修のスケジュールと内容

---

❶西南大学心理学院での研修会（2008年5月27〜29日）

大学教員・心理士・大学院生・医師約350名が参加した。研修内容は、講義とストレスマネジメント技法などの実習、質疑応答の3部構成とした。高橋は自身の被災体験を紹介しながら、災害は3つのストレス（トラウマ、喪失、生活ストレス）が被災者に襲いかかることと、それぞれの反応の特徴と望ましいかかわりについて講義した。冨永は、心理教育の実際として、子ども向けに災害後の紙芝居「かばくんの気持ち」（冨永, 2007）を紹介し、中国でのストレスマネジメント技法を参加者から紹介してもらい、実技研修を行った。質疑応答には小林・高橋を含め対応した。

❷重慶市内の病院心理科スタッフへのコンサルテーション（2008年5月27日夜）

軍医3名を含む専門家計12名を対象にコンサルテーションを行った。

❸西南大学心理援助チームへのスーパービジョン（2008年5月28日夜）

西南大学学生6名、教員8名、他大学教員1名、計19名を対象に、避難所での子どもの心のケアの対応について助言を行った。

❹Scientific Americanボランティア研修（2008年5月28日夜）

地域のボランティアグループメンバー15名に対して、災害後の心理やその対応方法について高橋が講演した。安全感の保障されていない空間でのトラウマ体験の表現の危険性を指摘した。

❺成都四川心理学会スタッフへの講義・質疑応答（2008年5月30日午前）

災害後の心理、心理教育についてレクチャー後、対応や今後の方針についての質問を受けた。

❻被災地の中学校で活動している西南大学心理援助チームへの講義・質疑応答（2008年5月30日午後）

心理援助チームで活動している学生および教員に対して、中学校の教師に対する研修のあり方について助言した。

---

(3) 帰国後の対応

2008年6月3日、中国心理学会理事長あて、一次派遣のお礼と「災害後の心理援助3原則」（冨永・高橋・小林ら, 2008）を送付した（Fig.4-1）。

2　研修参加者からの質問と回答

(1) 研修中における参加者からの質問の質的分析と質問に対する回答

① 研修参加者からの質問のKJ法分類

> **警告**
>
> 1. 継続してケアできない心理援助者（グループ）は、被災者への直接関与をしてはいけません（接触するときは、現地の対人援助職者〔心理士・教師など〕といっしょにすること）。
>
> 2. 恐怖の感情表現を促すこと（地震の絵や作文を描かせる等）は、安全感のない空間（継続してケアできない人、災害直後）では、二次被害を与えます。（Debriefingの有効性は実証されていませんし、二次被害を与えると強く警告している論文もあります。）
>
> 3. トラウマのアンケート（IES-RやPtsr-ed）は、アンケートのみ実施することは、二次被害を与えます。必ず継続して関与できる人が、トラウマと喪失の心理教育とストレスマネジメント体験を同時に行い、個別相談態勢を整えて実施してください。
>
> 　　　　　　　　中国心理学会・震災支援のtopページに掲載　　　冨永良喜・高橋哲

Fig.4-1 ◆ 災害後の心理援助3原則

　すべての研修会における参加者からの質問は、小林朋子がメモ速記をとり作成した。質問数は105個であり、KJ法により5名の臨床心理学を専攻する大学院生と筆者により分類された。大分類は「被災者の体験（33）」、「心のケア活動（18）」、「心のケアの理論（20）」、「これからの支援（20）」、「支援者の支援（14）」であった（Tab.4-2参照）。カテゴリーの信頼性の算出は、災害後の心のケアに従事した経験のある2名（精神科医1名と臨床心理士1名）によってなされ、カッパ係数はそれぞれ0.886と0.848であった。

(2) 参加者の質問に対する回答
① 参加者の質問に対する回答内容

　「被災者の体験」の下位カテゴリーの「トラウマ」については、PTSR（post traumatic stress reaction: 外傷後ストレス反応）とPTSDを区別すること、PTSRは異常事態での正常な反応であることを伝えた。「トラウマ」では、トラウマ反応の心理教育と適切な対応を具体的な応答例をあげて解説した。「グループ活動による対応」には、安心感の育成と絆の大切さを強調した。一方、ディブリーフィングについては、世界的に否定されていることを伝えた。権威ある機関からディブリーフィングが推奨されたマニュアルが配布されていたこともあり、でき

るだけはやく被災体験を語らせること、地震の絵を描かせることが回復につながるといった考えが流布していた。「有効なケアや心理療法」では、災害直後の被災体験を描かせる絵画療法は被災者に過覚醒状態を強いるため危険なこと、安全な場と安心できる関係性の中で被災者のペースで表現を求めることが回復に寄与することを伝えた。心理アセスメントに関しては、阪神淡路大震災では研究のための調査が繰り返し行われ、調査公害が起きたことを踏まえて、アンケート調査のみはすべきでなく、必ず心理教育と個別ケアができる態勢で行うことを強調した。「これからの支援」については、兵庫県教育委員会（2005）の個別に配慮を要する児童生徒数の推移を提示し、長期的な支援システムが必要なことを伝えた。「支援者の支援」については、救援にあたった軍関係者・行政関係者・医療従事者の受傷と疲労に対する対応が求められること、被災地の教師は被災者であり援助者であるため、教師自身のストレスマネジメント研修と繰り返しの分かち合いの必要性を伝えた。そして、「心理専門家」の二次的外傷性ストレスについてその反応と対応を伝えた。

② 質問と回答例

質問への回答例をTab.4-3に示す。

3　考察

(1) 被災直後の支援のあり方

大規模災害から約2週間後の中国心理専門家への心のケア研修会での参加者の質問は、頻度の高い順に「被災者の体験（33）」、「心のケア理論（20）」、「これからの支援（20）」、「心のケア活動（18）」であった。

① 被災体験──トラウマと喪失への対応

「被災者の体験」では、「喪失（愛する人の死と四肢切断）」と「トラウマ」に大別された。中国心理専門家は自然災害後のPTSDの有病率とトラウマ反応からPTSDへ移行する要因について高い関心を示した。自然災害よりレイプなどの犯罪被害の方が、PTSDの有病率は高い（Kessler et al., 1995；こころのケアセンター, 1999）。ほとんどの被災者が自己回復する一方、トラウマ反応がPTSDに移行する要因として、強い回避と自責感情などの否定的認知が指摘されている（Ehlers et al., 2003）。久留（2003）は、PTSD批判がある一方、PTSDの概念の真

Tab.4-2 ◆ 研修会参加者からの質問のKJ法による分類と質問例

大分類	中分類	小分類	質問例
被災者の体験（33）	トラウマ（12）		見た目は問題なく、地震前よりも明るい。初期においてそうした子どもにどのように関わればよいか。
			被災者はトラックが通っただけでも過敏になっている。どう言ってあげればいいのか？
			高校生で、受験生の中には勉強する意味はあるのかと聞いてくる。どうしたらいいか教えてほしい。
			ある男性が3階から1階までどうやってでてきたか覚えていない。逃げるときに他の人が手を出していたけれどもその手を握れなくて、それで罪悪感を感じている。どうしたらいいか？
	喪失（14）	愛する人の死（6）	6歳の女の子で、母は2階からこの子を投げた。子どもは助かり母は亡くなった。何も話さない。本やおもちゃを与えたが効果がない。どのように接したらよいか？
			親の死を受け入れられない孤児へはどうかかわったらいいでしょうか？
		四肢切断（8）	両足を切断する。死んだ方がましだといいます。どうかかわればいいのでしょうか？
			病院に入院している子どもで、左足が切断された。いつも笑顔でいる。英雄として扱われている。これから定期的に会っていく予定なので、どのように関わればよいか。
	被災以外の要因（7）		十分な教育を受けていない農村部から来た人たちにどのように関わればよいか。
			6歳以下の子どもへの対応について。
心のケア活動（18）	グループ活動による対応（11）	ゲーム・歌・絆・心理教育（6）	子どもたちを集めて、"安全島"というゲームをした。目をつぶって"私は安全なところにいる"というイメージを作ることを50分かけて行った。これはどう思うか？
			孤児になった子どもたち300～400名を相手に13グループを作り、低・高学年を相手に「感謝のこころ」「明日もっといいことがある」の歌を歌った。今のやり方でよいか？
		ディブリーフィング（3）	もしディブリーフィングをやってしまったら？
		政府の対応（2）	政府が心理援助のグループアプローチを行っている。それはどうか？
	個人への対応（3）	描画（1）	うずまきを絵の中に書いている子にどう話したらよいのか。
		ピアサポート（1）	ひとりでいることができない高校生、親友の子に一緒に寝てもらっている。それはどうでしょうか？
		拒否（1）	心理援助はいらないという。そんなときどうすればいいのか？
	社会への発信（4）	メディアからの発信（3）	ラジオで22～0時まで被災者に情報を流している。どのようなトピックがいいか。
		電話相談（1）	電話相談の件は毎日流しているが、これはどうか？

（次頁に続く）

大分類	中分類	内容
心のケアや心理療法（20）	描画・トラウマ表現（9）	被災者が自分の体験を語りたがっているが、その体験につかっているような感じである。どのようにしたらいいのか。
		小さい子で、麻痺が顕著。被災体験をどのように語らせるとよいか、その時期を教えてほしい。
	自己回復力（3）	災害のショックに耐えられる力を高めていく方法はないか。体験を抱える力を高めることと表現することの違いについて説明してほしい。
	記憶（2）	"凍りついた心"を解かす、そして閉じることをもう少し具体的に説明してほしい。
	リラックス（1）	3日間リラックスの作用と効果と注意すべきところを聞きました。リラックスを成人に行うときに注意するところは何か？ 子ども、成人、高齢者で違うのか。週に何回やるといいのか？
	PTSDのプロセス（1）	PTSRからPTSDの移行を防ぐためのプロセスで有効な方法はないか？
アセスメント（4）	PTSDの診断（2）	PTSDはどのくらいの期間を見ていればいいのか。被害が大きいので2か月とか診断を伸ばした方がよいと思うのだが。
	アンケートの使用法（2）	アンケートは今すぐに使わない方がいいのか？
これからの支援（20）	日本の経験（4）	日本の場合、心理援助において、政府は子どもたちのために何をしたのか？
		日本の臨床心理士はどのようなシステムを作っているのか？
	チームの組織化（4）	チームをそれぞれ作っているので今、何ができるかを教えてほしい。
		いろいろなチームの心理士が被災者に関わっていて、今すごく混乱している。日本ではどうだったのか、どのようにまとめていったのか？
	政府の対応（4）	政府の政策として、被害がひどい地域は地域ごと引越しをさせることになる。それは心理的にいいことか。
	夏休みの過ごし方（2）	サマーキャンプとかこれから作ることはできる。サマーキャンプで気をつけることはないか？
	中長期支援（2）	とても知りたいこととしては、中・長期的な支援についてである。
	防災教育（2）	余震に関しての知識、建物は大丈夫であることを伝えた。過敏な状態、悲しい状態が続いている。ほかに良い方法はないだろうか？
	終結のタイミング（1）	支援の終結のタイミングは？
	自殺（1）	もし関わっている人が自殺を考えていたら、そのときはどうしたらよいのでしょうか。
支援者の支援（14）	教師（7）	阪神淡路のとき、教師を相手に研修をしたと思うが、その具体的な内容と日本の経験を教えてほしい。
		教師は絶望感、失望感を感じている。どうしたらよいか。
	心理ボランティア・医療（3）	事例から離れることができずに自分の生活の中で落ち込んでしまう。どうしたらいいのか？
		被害の激しい被災地に入った先輩方は自分の気持ちを克服しているように思う。学生ボランティアの自分たちは年下で経験がない。それでもやれるのだろうか？
	救援者・政府関係者（4）	政府を中心とした救助活動をしている人たちに対しての心理ケアが必要だと思うが、どうすればいいか？
		兵士たちは痛ましい体験、怖い体験をしていた。その兵士の心のケアをどうしたらいいか？

Tab.4-3 ◆ 研修参加者の質問と回答例

① 「被災者の体験（喪失：四肢切断）」から	
質問	足を切断された人に対してどのような話しかけをすればよいか？
回答	トラウマだけでなく、身体機能の喪失である。喪失の心理過程を知ることが必要。寄り添い、生活支援からはじめる。いずれ義肢などの情報提供も必要になるだろう。
② 「心のケア活動（グループ活動による対応：ディブリーフィング）」から	
質問	ある救援隊が避難所に来て、"地震のとき、目をつぶって、友達がつぶれているところを想像して"とやっていて、その人たちに「やめてください」と申し入れたが、「これが必要だ」と譲らなかった。子どもは1／3は無表情だった。1／3はゲームみたいにゲラゲラ笑っていた。1／3は「助けて」と泣きじゃくっていた。それについてはどうか？
回答	その救援隊の方法は間違った方法であり、「やめてください」と申し入れたのは、勇気のある行動だ。こわい感情を吐き出させることでPTSDを予防できるという考えは、世界的に否定されている。しかも、安全感のない空間では二次被害を与えてしまう。子どもたちのグループの反応は、マヒ（無表情）、過覚醒（笑っている）、再体験（泣きじゃくる）とトラウマの3つの反応を示している。
③ 「心のケア活動（グループ活動による対応）」から	
質問	A県の小学生14名の子どもと接した。子どもたちが地震の話をしていたので、地震の絵を描いてごらんといった。死んでいる人とか崩れた家とかを描いた。ある子が絵を見ないで話をし始めた。その子は地震のことについて笑いごとのように話していたが、だんだん具体的になり泣きはじめた。その子は母親を亡くしていて、その子を他の生徒が慰めはじめた。私たちは「がんばっている。その子に拍手をしましょう」といった。他の子どもたちが自発的に拍手をした。「困難を乗り越えられる。あなたとずっといる」と話をした。この活動の終わりに、「手をつないでお互いのあたたかさを、お互いの力を感じましょう」とやった。その前の日まではぼーっとしていたが、次の日は落ち着いた感じで、ゲームに入ってきた。勉強などに積極的に取り組み始めた。このクラスには2回入った。私たちは地震の絵を描かせてしまったが、よくなかったのか、教えてほしい。
回答	手をつなぐこと、互いの絆を確かめ合う、そういう体験が彼女を元気にさせたのではないだろうか。地震の絵を描かせることはこの時期危険であるが、あなたたちは絆を大切にした。子どもをよく観察している。継続的に入ることが重要である。
④ 「心のケアの理論（描画トラウマ表現）」から	
質問	被災者に被災体験を語らせたり絵に表現させることはなぜよくないのか？
回答	災害直後は安全感が保障されない。地震の絵を描かせたり語らせたりするのは、過覚醒状態なため感情のコントロールを困難にする。安全感の回復を促進するために地域の資源を尊重するPsychological First Aid（心理的応急法）（NCTSN and National Center for PTSD, 2006；明石・藤井・加藤, 2008）が推奨されている。
⑤ 「支援者の支援」から	
質問	援助した被災者のことが頭から離れない。自分の生活の中で落ち込んでしまう。
回答	二次的外傷性ストレスと言われている。支援者にも被災者のトラウマと同様の反応が起きる。それは当然の反応であり、それらの反応は適切な対処によって収束していく。信頼できる人にその体験を語る。睡眠がとれるように、飲酒ではなくリラックス法を身につける。阪神淡路大震災後も支援者の支援が1つの重要なテーマであった。支援者がお互いにサポートするシステムを作ることが長期的な活動には欠かせない。

の理解は被害者の利益に資すると述べ、トラウマ反応とその意味と対処を知ることは災害後の心理的支援に携わる者にとって不可欠であるとしている。

一方、災害は喪失をもたらし、トラウマとは異なる反応と過程を示す。喪失後の悲嘆過程の段階モデル（Bowlby, 1961；Kübler-Ross, 1969）は病死の遺族を対象とした研究ではあるが実証されつつある（Maciejewski et al., 2007）。悲しみに向き合うことと日常生活を回復することを同時に進めていくという二重過程モデル（Stroebe & Schut, 1999）の視点は、学校で亡くなった子どもを追悼することに意味を付与する。災害による喪失は、トラウマ体験を伴う外傷的死別(traumatic bereavement)（白井・小西, 2004）である。また、圧迫による壊死のため四肢切断を余儀なくされた事例は身体機能の喪失であり、喪失体験ととらえることができる。一方、避難所や仮設住宅での生活ストレスへの対応について質問がなかったことは、災害からまだ2週間後という高揚期であったためと考えられる。

② 災害直後に被災体験を表現させる危険性

災害から2週間後にすでに「グループ活動による対応」が積極的に行われていた。そして、主要な疑問は被災体験を表現させることの是非であった。「地震から7日後に絵を描かせることは正しいのか」「ある救援隊が子どもたちに地震のことを思い出させていた」などであった。これに対して、高橋哲は、阪神淡路大震災後、描画を子どもに用いたとき、子どもがより過覚醒状態になったことから、災害直後に被災体験を描かせることの危険性を指摘し、「この時期絵画療法は適切ではない」と伝えるとともに、現在の世界の動向は「被災者へのディブリーフィングは適切でない」という見解であることを伝えた。

なぜ災害直後の被災者へのディブリーフィングが適切でないかについて考察したい。ディブリーフィングは効果が検証されていないばかりか、回復を遅らせるとの報告がある。Bisson et al.（1997）は火災の被害者を対象にして、13か月後にディブリーフィング群と統制群を比較した結果、PTSD有病率もIES得点も、ディブリーフィング群の方が有意に高かったと報告している。また、Mayou et al.（2000）は、交通事故の被害者を対象にして、3年後にディブリーフィング群と統制群を比較した結果、ディブリーフィング群の方が統制群に比べて苦痛度もIES得点も高かった。また、Sijbrandij et al.（2006）は、心理教育中心のディブリーフィング群と感情中心のディブリーフィング群を設けて効果を検討

した結果、感情中心のディブリーフィング群は、統制群に比して回復が遅れることを見いだした。彼らは、トラウマ経験直後に心拍亢進など過覚醒状態にある者はPTSDに移行しやすいというShalev et al.（1998）を引用し、感情中心ディブリーフィングは被害者をより過覚醒状態にするためであると考察している。

一方、PTSDの治療に効果が検証されている長時間エクスポージャー療法（Prolonged Exposure Therapy: Foa et al., 2007）を代表とするトラウマ焦点療法では、被害体験の語りを求める。それは、心理教育により回復への道筋をクライエントに提示し、苦痛度が軽減するまで行う。それに対して、ディブリーフィングの語りはほとんどが1セッションであり、かつグループでトラウマ体験の語りを求める。そのため被害記憶の再生に伴う苦痛度が軽減されないままセッションが終わり、中途半端な曝露が自然回復を妨げるのかもしれない。また、グループで行われるために、参加者とファシリテーターの信頼関係が十分に確立できず、安心感がもてないまま終わる可能性もある。すなわち、トラウマからの回復に最も必要な「安全な空間」が保障されない危険性を孕んでいる。

西南大学ボランティアが報告した「子どもたちに地震のときのことを思い出させようとしていた救援隊の活動」は、援助者と被災者が信頼関係を築けていない状況でトラウマ体験の表現を強いていたと考えられる。また、Mitchell and Everly（2001）は、参加者の受傷の程度が等質であることが前提であると述べている。災害後は被災程度の異なる参加者が対象となり、すでにディブリーフィングの要件を満たしていない。冨永ら（1995）は、阪神淡路大震災後に、被災体験の語りを求めるのではなく、心身が安定するためのリラックス動作法を実践した。災害から数か月間は、少しでも安全感・安心感を回復するために、トラウマ体験の想起ではなくトラウマ反応やストレス反応への望ましい対処の提案が重要となる。

(2) 中長期的支援のあり方

研修参加者からの105個の質問のうち中長期的な支援にも関係するものは「これからの支援（20）」「支援者の支援（14）」があげられており（全体の約32%）、今後の中長期支援活動においてはさらに必要になってくると思われる。McFarlane（2005）は、災害後の時間経過とサービス需要の変化について、心理的支援サー

ビスは中間期（回復期）から慢性期（復興期）にかけてその重要性が増してくるとしている。被災者の多くは一過性のストレス反応以外は精神的な疾患を示さない（Shalev et al., 2004）ことから、まずは自然回復への支援が有効である。しかし、災害被害が甚大な場合には公的機関による長期的な心のケアの活動体制が必要であり、二次的ストレスを少なくする支援が求められる。奥尻島北海道南西沖地震（1993）は地域コミュニティに大きな打撃を与えた災害で、人口の4.2％に死者・行方不明者が出たが、6年経過後もGHQハイリスク者は54.6％であった（藤森・藤森, 2000）。阪神淡路大震災では、震災後に特別設置された相談機関での相談件数は4年目までは増加し5年目にはじめて減少している。特に家族や隣人を失った人では、男女を問わず睡眠障害、抑うつ感の相談比率が高く、その後の生活の目処が立たない絶望感やその後の生活での介護疲れや近親者の死などの二次的ストレスの影響が大きく関与していた（兵庫県こころのケアセンター, 2001；有園・中井, 2007）。

　阪神淡路大震災の子どもたちの変化では、被災2年目までは被災の程度と心身のストレス反応とのいわゆる量－反応関係が確認されているが、それ以降9年目では被災の程度よりもむしろその後の子どもを取り巻く環境や個人の個性の要因が大きくなっていった（有園, 2008）。被災地域の学校には震災後10年間、「教育復興担当教員」という、学級担任でもなく専科教員でもないこころのケアに対応する特別加配教員が配置され支援を行った。阪神淡路大震災遺児の53％は家族の死を自ら表現しようとはしない。初期は、睡眠の不良（寝付けない、うなされるなど）43.3％、暗がりをこわがる26.5％、甘えることが多い19.3％などであったが、4年目の調査では、遺児の50％に「やたらイライラしたり怒りっぽくなる」「自分が死んで誰かが生き残ったらよかった」、40％が「死にたいと思ったことがある」と答えており、90％が今でも震災の精神的影響が残っていると感じていた。70％がこころのケアは必要と感じながら専門家の治療を受けたのは13％となっている（樋口, 2000）。

　四川大地震では、震災遺児の多さも特徴であるが、震災遺児へ「あなたは孤立していないんだ」とのメッセージを伝え続けるケアが必要であろう。そのためには、心のケアセンターの設置やスクールカウンセラーや特別な教員の配置といった公的支援としての心のケアが不可欠になる（杉村, 2000）。地域コミュニ

ティからの社会的支援がある場合には、ストレス関連障害の発症抑止力を持つ（Green, 1990）ため、公的支援による中長期的支援は重要となる。

(3) 海外からの心理的支援のあり方

　海外の専門家による支援のあり方として、被災者への直接支援ではなく、被災国の心理専門家への研修支援が望ましく、西南大学の日本心理臨床学会への要請も被災地で活動する専門家に対する研修会であった。インド洋大津波後のスリランカとインドネシアでの心理的支援においては、被災地域で核になる教師カウンセラーら約30名に対し12日間のトラウマ・カウンセリング研修会を行い、彼らがその地域の教師200名に伝達するという手法が用いられた（福岡, 2005）。研修会において、効率的に知識と体験を伝達するために、研修プログラムの構成を「理論、技法実習、質疑応答（事例検討含む）」とした。災害から2週間後という時期の実施であり、事例検討は質疑応答に含めた。織田島・吉澤・大原（2006）は、新潟豪雨水害（2004年7月13日）と新潟中越地震（2004年10月23日）後の教師への心のケア研修（2時間）を、講義30分、動作法によるセルフケア研修40分、質疑応答50分で構成した。被災地の教師は被災者でもあり、援助者でもある。そのため、講義といった座学のみでは、研修会そのものが参加者にとってストレスになる。また、Zagurski et al. (2005) は、対人援助職者への8時間の災害後の心理応急法研修を紹介し、視覚的学習（スライドによる講義）と聴覚的学習（討論や質疑応答）と筋運動感覚的学習（エクササイズやロールプレイ）をバランスよく構成することが大切だと述べている。

(4) アジア独自の心のケアのあり方

　ADRC（2008）は、1975年以降の30年間で、世界の災害の頻度はアジアが37％であるのに対し、被災者数は世界の88％をアジアが占めていると報告している。一方、PTSD研究は、ベトナム戦争の兵士やレイプの研究など、アメリカを中心として研究が展開されている（van der Kolk et al., 1996）。津波被害後のインドネシア・アチェでの研修会にて、アチェの心理学者や教師が、「文化と宗教を考慮しない500以上のNGOはすべて失敗してきた。涙を流すことは心理学的にはよいことでもこのアチェの地ではふさわしくない。なぜ、西欧の心理学者

は泣くことをすすめて、落ち着くことをすすめないのか」と述べていた（冨永・高橋, 2005）。中国での心のケア研修会でも、日本チームが最も考慮した1つが文化と宗教である。特に、喪失による心身の回復には、その地域の宗教と文化は重要である。今後、西欧で得られたトラウマやPTSDの治療法や心のケアの知見を参考にしながらも、アジア独自の心のケアのあり方を提案していく必要があると考えられる。

第2節　四川大地震JICAこころのケア人材育成プロジェクト

　災害多発国であるわが国は、災害後の人命救助・医療支援・心理的支援に至るまで、その知識と技術を蓄積してきた。2008年5月に発生した中国・四川大地震後の心理的支援として、JICA（国際協力機構）四川大地震こころのケア人材育成プロジェクトが2009年4月に正式にはじまった。本節では、プロジェクト発足までの被災地での訪問調査（2008年11月と2009年2月）の結果を報告し、海外での心理的支援のあり方と、今後どのような貢献ができるかを考察する。

1　四川大地震直後の日本の支援

　JICA中国事務所のスタッフは、日本の国際緊急援助隊（救助チーム・医療チーム）をサポートする過程で、心のケアの必要性と重要性を認識していた。2008年7月9日の洞爺湖で開催された日中首脳会談を経て、四川大地震復興計画に「心のケア」の項目が盛り込まれた。JICAは、同年6月には、日本の災害後の心理支援の専門家や専門機関の調査をはじめるとともに、中国側の受けいれ団体を模索した。その結果、中華全国婦女連合会（以下、全婦連）が、中国側の受けいれ団体として決まった。全婦連は、子どもと女性の人権擁護と福利に資する活動を展開しており、省から村に至るまで浸透している。政府組織ではないが、政府と密接な関連をもち、幹部は政府の要人経験者で構成され、これまでILO、ユニセフなど数々の共同プロジェクトを実施してきた。

　JICAは新たなプロジェクトの立ち上げ前に、必ず事前調査を行う。2009年4月に正式なプロジェクトを発足させるまでに、2回の事前調査を実施した。ほかのプロジェクトと異なり、災害被災者のこころのケアは"いま"の支援が求

められ、また心のケアのニーズは時間とともに変わっていくため、支援の要素を取り入れながらの事前調査となった。このような事前調査の形式もJICAプロジェクトでは特異なものであった。

本節は、JICAプロジェクトの事前調査により、四川大地震後の被災地での心のケアの実際を明らかにするとともに、今後の支援のあり方を考察することを目的とする。

2　JICA四川大地震後のこころのケア人材育成プロジェクト事前調査

(1) 第1次事前調査

2008年11月9日～15日の日程で、四川省の成都・都江堰(とこうえん)・綿竹を訪問し、北京で衛生部(日本の旧厚生省に該当する)や専門家との会議を行った。事前に、JICA兵庫とJICA中華人民共和国事務所、JICA本部を結んで、TV会議が参加メンバーによりなされた。団長は、日本の国際緊急援助隊の活動を現地で支援した経験のある藤本正也(当時、JICA中華人民共和国事務所次長)、メンバーは、JICA中華人民共和国事務所3名(坂元芳匡・周妍・土居健市)、JICA兵庫1名(細川幸成)、専門家は、加藤寛、明石加代、渡邊智恵、冨永良喜の4名、現地通訳1名の計10名の団員派遣であった。事前に綿密なスケジュールが組まれており、全婦連の日本への期待の強さがうかがわれた。

11月10日に成都のホテルで1日、全婦連・行政関係者、現地の精神科医・心理士を集めての日本側のプレゼンテーション、現地の取り組みが次々に紹介された。

11日は被災地・都江堰の仮設住宅、12日は被災地・綿竹の仮設の小学校、仮設の病院、子どもを亡くした母親が集い刺繍工芸をしている集会所、中国心理学会・綿竹心理援助ステーションを訪問した。

被災地には、3万戸、1万戸といった仮設住宅が建ち並んでいた。衣料品や食料品売り場はもちろん、警察BOX、司法調停所などもあった。一方、村にはいると、テント生活を送っている人たちもいた。

2008年11月11日、都江堰の仮設住宅「勤倹人家」を訪れた。「勤倹人家」では、婦女連の人材150名を対象に、心のケアの研修を行い、16名を選定して専属の心理指導員としていた。心理指導員の助言を、心理学を学んだ経験がある

地域の専門家がサポートし、さらに、その地域の心理専門家を、中国心理学会の銭銘怡先生（北京大学）がサポートしていた。

　11月12日訪問した被災地・綿竹の刺繍工芸の集会所では、子どもを亡くした母親10名ほどが、黙々と刺繍をしていた。このグループも中国心理学会のメンバーがサポートしていた。

　12日午前中、被災地・綿竹の九龍小学校を訪れた。400人ほどの子どもたちが仮設校舎で勉強していた。子どもの心のケアについては、「心理健康教育師」を養成して、週1時間、すべてのクラスで「心理健康教育」を実施しているという。小学校の中には、仮設の「心理訪談室」が設置されていた。常勤の若い「心理健康教育師」がいた。彼はもともと道徳の教師だったそうだが、中国心理学会が企画した研修プログラムをなんども受けて、「心理健康教育」の授業をはじめたそうだ。被災地にはすべてペアの応援省がある。この九龍小学校は揚州大学が応援していた。その「心理訪談室」には、アメリカのNGOによる「心理健康教育」の教師用・子ども用テキストがあった。

　心理健康教育の授業をすることで、子どもたちが地震の恐怖を閉じ込めないで自然に話すようになり、「心理訪談室」を気軽に訪れていた。

　被災小・中学校は7,444校で、心理健康教育師を300～500名養成した。ただし被災地で常時活動する心理専門家は30～50人であり、マンパワーが足りないのが現状であった。

　北京での専門家会議で、冨永は兵庫県教育委員会が組織する震災学校支援チーム（通称EARTH）の冊子を携え、「教師の心のケアの専門家をこのプロジェクトに加えてほしい。被災地の教師には教師にしかわからない苦労があるから」と訴えた。

(2) 第2次事前調査

　2009年2月21日～2月27日の間、四川省の省都・成都で、100名の心理援助者・医療関係者・教育関係者を集めて、3日間のセミナーを開催するという形態の事前調査を実施した。事前のTV会議で、中国心理専門家や全婦連の幹部、JICAスタッフとのやりとりを経て、セミナーを全体会と分科会で構成し、分科会は「地域ケア」と「教育」の2つの柱を立てることになった。また、講師は

日本の専門家と中国の専門家の合同チームにより構成し、プログラムを立案していった。日本チームの専門家は、加藤寛、大澤智子、渡邊智恵、高橋哲、瀧ノ内秀都、吉沅洪、冨永良喜であった。教育班には、EARTHから瀧ノ内が加わった。

全体会1日目の午前は、加藤が阪神淡路大震災後の心のケアを、冨永・高橋・瀧ノ内が教育分野での心のケアを報告した。

午後には、廖副主席（成都市婦女連）、遊永恒（四川師範大学教授）、祝卓宏（中国科学院心理研究所）により、これまでの活動報告がなされ、被災体験の表現とスクリーニングをテーマにしたパネルディスカッションが行われた。安全感・安心感がまず必要であること、阪神淡路大震災後にはアメリカから被災体験を語ることを目的としたディブリーフィングが推奨されたが、現在は否定されていることなどが討議された。スクリーニングについては、被災地の状況を把握する上で大切だが、個人の福利に還元されなければならないことが討議された。

2日目からは、地域ケアと教育の分科会に分かれて研修がすすめられた。

教育の分科会には教師や心理健康教育師の参加者が多かったが、医師や心理専門家も参加していた。

地域ケアの分科会は、実際に地域の中で活動をしている婦女連の役員、ソーシャルワーカーがほとんどで、一部看護師等の参加があった。具体的には、地震により子どもを亡くした親がお互いに責め合っている困難事例への対応や、外部支援が撤退し、地元で活動しているスタッフはケアニーズがありながらも充分に活動ができない状況にある、と切実なニーズを訴えられた。

Tab.4-4に、KJ法により分類整理したセミナー参加者の質問と感想を示した。KJ法実施にあたっては、中国の心理専門家を対象に、地震から2週間後に行ったセミナー参加者の発言を分類した冨永・小林・吉・高橋・有園（2010）に基づいた。

カテゴリー「被災者の体験」は、被災者の心身の反応にどう対応したらよいかという質問、「心のケア活動」は実際行われた心のケアの活動についての質問、「心のケアの理論と方法」は日中専門家が提案した理論と方法に対する質問、「これからの支援」はこれからの支援で参加者が心配していることに関する質問、「支援者の支援」は支援者の心のケアに関する質問をまとめた。「プロジェクト

への期待と感想」は新たに設けられたカテゴリーであった。

　また、Tab.4-5に、セミナー参加者の質問に対する日本チームの主要な応答を記載した。

　JICAスタッフのこのプロジェクトにかける意気込みは強く、食事時間中も専門家と研修参加者がより交流ができるようにと座席を工夫したり、研修参加者の期待に応えるべく1日の研修が終わると夜遅くまでミーティングが設けられた。

3　考察

(1) 心のケアの壁を乗りこえる

　阪神淡路大震災では、「心」や「メンタルヘルス」を前面にださないさまざまな取り組みや工夫がなされた。保健師や看護師が血圧計などを携えて、「血圧計りましょうか？」と声をかけ、それをきっかけに、不眠やイライラなどの訴えを聞き対応していった（安, 1996）。臨床心理士グループは、学生ボランティアを動員して「子ども遊び隊」を作った（兵庫県臨床心理士会, 1997）。冨永・三好・中野（1995）は、「リラックス動作法」という看板を掲げ活動した。

　心のケアの「壁」とは、「心のケアを必要としている人は多くいるが、心のケアの相談機関に自ら進んで相談に行く人が少ない」ということを意味する（こころのケアセンター, 1999 ; 安, 1996）。

　第1次調査で、中国では、この「心のケアの壁」を乗りこえる活動が行われていたことがわかった。婦女連は、子どもを亡くした母親に、中国文化の刺繍を教える活動をしていた。そして、その活動を中国心理専門家が支援していた。この取り組みは、生活を基本とした心のケアの壁を乗りこえる活動の1つであろう。

　また、被災地の学校では、心理健康教育師が養成され、心理健康教育の授業が行われていた。また、仮設校舎には心理教育相談室も設置されていた。しかしながら、被災地で心のケアにあたる人材が少ないことが課題として指摘された。

(2) 海外からのプログラムの弊害

　一方、心のケアのプログラムにおいては混乱がみられた。地震から2週間後

Tab.4-4 ◆ セミナー参加者の質問と感想

カテゴリー			番号	参加者の発言
被災者の体験（17）	トラウマ（9）	トラウマ3症状（4）	1	子どもがまだ集中力低下に陥っている。
			2	被災地の青少年で、ちょっとした刺激で大きく反応する人が多い。
			5	いまだにドアを閉められない子どもがいる。
		周辺・複合症状（4）	7	大人の男性は、暴力的になったり、アルコール依存症になっている。
			9	人間はいつか死ぬから、生きることに意味がないので、今を楽しもうと洋服に散財などという子どもが多い、どう価値観を教えていくか。
	喪失4	愛する人の死(2)	10	生き残った孫に望みをつないでいる人もいる。
			11	知人に睡眠障害の者がいるが、何かアドバイスをお願いしたい。感情を表現するのも苦手な人である。
		四肢切断(2)	12	手足を失うなどの障害を持った子への心のケアについて教えてほしい。
			13	足を切断して義足になったが、明るくつきあっている。
	被災者の年齢(3)		14	スクリーニングの結果、影響が大きいのは30～40歳の人。仕事もあり、家族も支えなくてはならない。このような人たちにどのようなことを提供すべきか。
	災害後からの時期(1)		17	応急期を過ぎ、ストレスから解放されている人も多いが、ダメージが大きい人もまだいる。
心のケア活動（9）	子どもの教材(2)		18	心理援助ステーションに配備された子ども向けの機材とは？
	心のケアのタイミングと選択（4）		20	専門家が入ってきてくれたときには、もう移転していた。
			22	たくさんの方法・手法が洪水のように入ってきた。現場として、何をどう選べばいいのか？
			23	週末に生徒たちに災害に関する映画を見せている。これは良いことか？
	海外の方法（2）		24	アメリカのもので、5か月間毎日20分被災体験と向き合い書かせるような教材がある。専門家から反復して向き合うことが必要だと言われているが、毎日繰り返してやることに反発している保護者もいる。どれが正しい取り組みなのか分からなく、教えてもらいたい。
			25	欧米のものはおしつけ的な傾向をもつことが多い。
	防災教育(1)		26	陝西省で防災教育の取り組み（防災訓練や防災バッグ、家庭での防災訓練など）をし、災害への恐怖感を軽減した。
心のケアの理論と方法（20）	心理療法(5)		27	PTSDの治療方法について教えてほしい。
			28	すぐに絵を描かせるのはよくないとのことだが、いつ頃ならいいのか。
	教育における心のケア(11)		33	被災学生へどのような教育が心のケアになるのか？
			34	「悲しむときは悲しむ、楽しむときは楽しむ」という言葉に感銘を受けた。
			35	紙芝居の樹のシーンで、安心・絆・表現・挑戦に触れているが、実際にはどう伝えるか？
			37	「保護者に対するこころのケア」について詳しく教えてほしい。
			39	復興担当教諭は、心のケアの必要な子どもに何をしたか？
			40	復興担当教諭の身分を教えてほしい。
			41	スクールカウンセラーなどの専門家からどのような指導を受けたのか？
	地域ケア(11)	心のケアの方法（5）	43	心のケアの活動計画の立て方を教えてほしい。
			45	1割がPTSD、9割が自然治癒と聞いたが、われわれケア提供者のすべきことは何か？
			46	家族間でストレス症状に気がつくようにする能力をどのように向上させていくか？
			47	支援されることに頼りすぎて自分ではなにもしなくなった人がいる。
		アウトリーチ（4）	49	アウトリーチについて詳しく知りたい。
			50	アウトリーチの頻度はどのくらい必要か。
			51	専門性を強調しないのは、なぜか？

（次頁に続く）

大分類	中分類	小分類	№	内容
心のケアの理論と方法（20）		リラックス	53	リラクセーション技法の中で安全な場所を想像する具体的な方法を教えてほしい。
		薬物療法	54	薬物など専門家の治療は、本人が受けたくないと思うことが多い。どうしたらいいのか？
	文化と地域資源の活用（9）	文化の活用（4）	57	地域的な文化が重要と実感しているが、どう思うか？
			58	私たちの地域はチベット仏教徒が多いが、どう関係づけていけばいいのか。
		地域資源のネットワーク（5）	59	地元で活動するときは、あらゆるリソースを統合することが必要だと思う。
			60	支援が引いていく中、被災地区への深い思いやりが大事で、多くの活動者への感謝も必要。
			62	婦女連ネットワークをいかに発揮し、人不足をどう解決するか、世界中の人たちの力をどう合わせるか？
	アセスメント（10）	PTSDの診断とスクリーニング（5）	64	アセスメントの技術は学べるか？
			65	スクリーニングの尺度について教えてほしい。
			67	IES-RとSQDの相関についてどうか。
		アンケートの使用法（5）	69	スクリーニングのやり方について教えてほしい。
			72	行政の幹部たちの悩みをスクリーニングする方法があれば教えてほしい。
	活動の評価（1）		74	多くの団体が入り様々な活動を行っているが、これらをどう評価するか？
これからの支援（9）	イベントの効果（1）		75	子どもの日のイベントを考えているが、被災した子どもたちを他の地域に連れて行くのは効果があるのか。
	中長期支援（3）		76	中国科学院などの専門家はいつかは去っていくので、地元の自分たちの力で対応できるようになりたい。
			78	今後時間が経つにつれ支援が少なくなり、また不公平を感じることがある。どのように支援したらよいか。
	被災地への帰郷（3）		80	他の省に引っ越した人が戻った時にPTSDの症状は出てくるのか。
			81	9/1に恒久的な学校に戻るが、再体験をして、怖くなることが想像される。どうしたらいいか？
	自殺の危惧（1）		82	もうすぐ1年がくる。自殺願望が出る人がいる、と聞く。防止のために、教師は何ができるのか。
	心のケアの専門家人材育成（1）		83	PTSDを治療できる専門家が少ない。
支援者の支援（10）	教師・同僚の心のケア（6）		84	教職員への心のケアの必要性に気づいた。
			87	教員への心のケアは重要である。具体的な方法を教えてほしい。
			88	子どもの笑顔が教師の心のケアになるということに感銘を受けた。
			89	私のチームの中にも燃え尽きの人たちがいる。有効な方法は？
	自分の心のケア（4）		90	私も救援活動の中で多くのプレッシャーで白髪が増えた。
			92	○県では若い世代が多数亡くなった。自身もPTSDではないかと思うこともある。
			93	自身も被災者だったこともあり、これまであまり前向きでなかったし、このことが生徒にも影響しているはず、と気づいた。
プロジェクトへの期待と感想（11）	日本の経験と感想（6）		94	災害時に日本の政府はどのように支援しているのか。
			96	○先生が楽しみながら取り組んでいる姿勢に感銘を受けた。
			98	○先生からは、黒子になる、専門を前面に出さないことの必要性の話を聞き、ほっとした。
	日中専門家への期待と感想（4）		100	映像も含め、豊富な経験の裏づけのあることを詳しく教えてもらった。
			101	日中の専門家から引き続き支援をお願いしたい。
	参加者の交流（1）		104	参加者と話していろいろ学んだ。みなさんの優しい心を感じた。

Tab.4-5 ◆ セミナー参加者の質問に対する日本チームの主要な応答

1	希望が持てないよね、当然だ、というように言ってあげることが重要。一番悲しい、親を亡くした子も何かは目標が持てることがあるはず。もしこの困難を抜けられたら何をしたいか、ということを聞いていく。なかなか言ってくれないかもしれないが、言ってくれるようになってくることもある。
9	理解できるが、でもそれだけでは虚しくないか?「ほんとは悲しんだよね?」とゆっくり引き出していきたい。お金を使うのではなく、いっしょに遊んでいく時間を取るようにし、話ができるようにしてあげることが重要。
11	聞く限り、抑うつの反応であり、まず抗うつ剤で安定させてから、心理的な面へ入っていく必要があると思われる。悲しみの反応は心に穴があく。喪失感を埋めることが必要であり、亡くした子どものアルバムを作るとか、子どもの好きだった趣味を自分もやってみるとか、自分の心の穴を埋める作業が必要である。
12	自身の生徒にはそうした子はいなかったが、教師としては寄り添うことしかできない。教師としてどうしていいか分からないときには、カウンセラー・医者などへつなげるしかない。そうした態勢がなければシステムを作るしかない。
14	男性の問題は僕らも苦労した。日本の仮設住宅でも仕事がなくなって、やることがなくなって、家族からも見放されて、アルコール依存症になった男性がたくさんいた。難しい問題。あまり成功した例は言えないが、能動的に役割をもってもらうこと。
23	被災のひどい状況を見せるような映像はよくない。トラウマの治療法に暴露療法があり、治療効果が最も高いと言われているが、安全な環境で、1対1の信頼関係の中で行わないといけない。信頼関係もなく集団でこうした映像を見るのはよくない。
24	毎日強制的に向き合わせることは正しい対処法とは思われない。「さあ、被災体験を話しましょう」と言ってもあまり意義がない。支援者がそばにいて、安全感・安心感をもってもらい、信頼関係を作ってから、初めて話してもらうことが大事である。これは絵画でも同じことである。
27	重症のPTSD者に対しては、震災後10年近くになってやっと有効な治療法を身に付けた。SSRI(抗うつ剤)、暴露療法などが有効であるが、これらの活用は専門家による対応が必要。
33	教師にはすべての役割を担いたがる傾向があり、医者にもカウンセラーにもなりたがる。しかし、教師は教師なので、教師としてできることをやればいい。
37	保護者も不安になるので、まず保護者の話を聞く。グループ対応としては懇談会がある。テーマは「震災について語ろう」ではない。とりあえず集まり、茶を飲み、簡単なゲームをする(たとえば、しゃべらず誕生日順に並ぶ、とか)。グループごとになると、自然に震災の話になる。いい話ができるグループもあれば、感情的になってしまうグループもある。教師はこういうグループに入り、感情が高ぶった人の話を聞くようにする。もちろん、教師でも受け止め切れない保護者もいる。学校で対応できないことは、できないと認めることが重要である。
39	復興担当教諭は、不登校の子どもを迎えに行く、苦手な教科のときには横に座っていっしょに授業を受ける、感情が高ぶっているときには個別に話を聞く、保護者と相談をする、など。
40	県教育委員会がケアを必要とする子どもの数を調査し、結果を文科省へ提出し、それに基づき教員の加配予算が手当された。県教育委員会が教師の中から復興担を任命した。復興担への特別な手当はない。
41	教師では対応できない困難がある場合には専門家に相談した。その際、「どうしたらいいですか?」ではなく、「これまでの見立てからこうしたいのだが、どうだろうか?」という形で相談するようにした。兵庫県では地震後1年後くらいで、心のケアについての指導書ができた。
45	神戸では50歳以上の人が震災で仕事を失うと次の仕事がなかなか見つからないということがあり、行政が企画して、役所のビラ配りなどの仕事をさせた。自分で少しでもお金をかせぐことで、自分で生活をコントロールできるようにしていく。婦女連が実施している刺繍教室など意義が非常にあると思う。

(次頁に続く)

46	子どもに両親の大変さを教えていくことも1つの方法。以前のやさしい父母とちがって、いらいらしていることがあるかもしれないが、それも生活を乗り切るためにがんばっているということを子どもに教える。
47	支援者はいつか活動を終えなくてはならなくなる。住民同士が力を合わせていく形にしていく必要がある。また、ケアもやりすぎはよくないので注意を要する部分である。
49	阪神淡路大震災では、仮設住宅の各戸訪問（週に1度）、挨拶などの会話から始め、まず信頼感の形成に努めた（「心理」、「精神科」などが前面に出ないように気をつけた）。活動としても、育児教室など、心理とは直接関係ないところから始めた。こうした場に出てこられない人の方が問題が深い、という点に留意が必要である。○アセスメントでは専門性が必要であるが、被災者と接するときには、被災者はたまたま被災されたのであって患者ではない、という意識をもつべき。
57	都市と農村とで災害の受け取り方は違うし、克服の仕方も異なると思われるが、そうした文化の差異を尊重した上で、どういう支援をしていくことができるかを考えなければならない。
69	スクリーニングにおいてどういう問題を抱えているか知り、どういう対策を採るか参考にしたい、ということでお願いしないとアンケートも答えてもらえない。災害直後には災害の機会に研究を進めたい人が集まり、データの採り逃げをする人も多い。こういう研究は害がある。一方で被災者へのケアを続けるためには現状把握が必要であり、調査・研究は必要である。
69	被災者がスクリーニングを通して自身のことに気づき、解決できることが重要であり、心理教育と個別のケア態勢があってはじめて意味がある。
75	一時的に楽しいのもいいが、長い目でみると難しいところもあると思う。選ばれた子どもだけ上海や日本に行くと、子どもたち同士の中でも葛藤が出てくる。大変ではあるが、被災地の中で困難を乗り越えていくことの方が大事だ。
80	阪神淡路大震災では、神戸で被災し、県外の親戚を頼った人たちには何も支援が得られなかった。そうした人たちの存在に気づいたときに支援をしなければならない。
81	新しい学校はもう大丈夫という安心感が必要。いつも私がそばにいるよ、という安心感が必要。ひとりではないよ、というメッセージが必要。こわくなるのは正常な反応であると伝えて得られる安心感も必要である。さらに加えて、防災教育も必要。地震のメカニズムや、どう自分の命を守るのか、という点を伝える必要がある。これでだいぶ子どもは落ち着くのではないか。
82	記念日反応と言われている。阪神淡路大震災でも12月頃から不調になる人が出てくる。マスコミを通じて、これは通常の反応であると広報してほしい。孤独感や、亡くなった人のところに行きたいという感情が出てくる。こうした感情も正常な感情だと伝える必要がある。自分の感情の変化に気づき、それをプラスの方向に転じていくことができる、と伝えてほしい。あなたはひとりではない、あなたを必要としている人がここにいるよ、というメッセージを伝えていってほしい。これが死を思いとどまる力になる。
87	学校に泊まり込んでいた。自分の家族に対する気持ちと児童に対する気持ちとの間での葛藤があった。しかし、子どもの笑顔が教師のいちばんの心のケアになった。
89	燃え尽きは対人援助と切っても切れない現象。休息をとること、ストレスマネジメントで解消すること。どんなにがんばってもすべての人を助けるわけにはいかない。心のケアは、5年、10年かかる課題である。自分の限界を見極め、楽しむときは楽しみ、休むときは休む。継続していくことが大切だし、継続していってほしい。
89	兵庫の心理の仲間たちは、けんかもするが、仲がいい。お互いへのいたわりと助けが重要。葛藤があったが、子どもの笑顔が最も自分にとって心のケアとなった。
94	日本は災害が多いので、法律に基づいて公的機関が動くことになっている。計画を持っていて、細かくどう動くかの計画が決められている。多くは救急、インフラの部分で、心のケアについては日本も明確には決められていない。阪神淡路大震災以降は変わってきて、ある程度の災害だと、心のケアにもお金をつけて活動するようになっている。

に中国心理専門家に対する研修会から得た参加者の声から、ディブリーフィングなど災害後の心のケアとしては不適切な活動がみられ、被災者への二次被害を与えていた（冨永・小林・吉・髙橋・有園，2010）。「たくさんの方法・手法が洪水のように入ってきた。現場として、何をどう選べばいいのか？」（発言番号22、以下数字は発言番号）、「毎日繰り返し震災体験を作文にすることに反発している保護者もいる」（24）がこれに対応する。この発言24の活動はアメリカのプログラムであった。1次調査で訪問した小学校の相談室に置かれていたノート「MY SICHUAN EARTHQUAKE STORY」（Kliman, Oklan, & Wolfe, 2008）の中国語訳版であった。それは、毎日20分地震に関する作文を書き続けると3か月でPTSDは治ると主張するもので、二次被害を与えていた。

トラウマ体験の開示は、安全感と安心感が保障された場と関係性の中ではじめて、症状や反応の緩和がもたらされ（金, 2002）、「安心」と「絆」のなかで、はじめて「表現」が回復に力を与える（冨永・小林・吉・髙橋・有園，2010）ことが世界の共通認識として形成される必要があると考えられた。

(3) 阪神淡路大震災の経験を伝える

2次事前調査では、教育分野の約7割が教師であったこともあり、教師ができる心のケアが参考になった。「復興担当教諭はなにをしたのか？」（39）、「復興担当教諭の身分は？」（40）との発言にみられるように、阪神淡路大震災後に設置された震災復興担当教諭（後に心のケア担当教諭と名称変更）の制度に強い関心を示した。また、プログラム化された心のケアの活動ではなく、日々の子どもへのかかわり方を伝えたことで、「自分でもできることがある」という心のケアに対する認識の変化を生んだと考えられる。

また、男性のアルコール依存の問題（14）、PTSD治療法（27）、仮設住宅への戸別訪問（49）、スクリーニングの方法（69）などの質問には、阪神淡路大震災での経験が伝えられた。

(4) プロジェクトの発足とこれから

2009年4月27日午後4時から四川省成都にて、「四川大地震こころのケア人材育成プロジェクト」の署名式が行われた。式典には、在重慶日本国総領事・

冨田昌宏氏と中華全国婦女連合会書記処書記・趙東花氏などが参列し、署名はJICA中国事務所長・山浦信幸氏と中華全国婦女連合会国際部長・鄒暁巧氏によって行われた。また、兵庫県知事からのメッセージが寄せられ、冨永が代読した。正式に、日中両国政府によるプロジェクトがはじまった。

　プロジェクトは5年計画で、年に2回の中国の被災地での研修会の開催、中国専門家の訪日研修などであり、医療・心理・看護・教育・社会活動等の公的サービスに従事する幅広い心理援助者の人材育成が目的である。また、現地に日本人専門家1名が常駐し、プロジェクトを推進していくことになった。兵庫県こころのケアセンター、兵庫教育大学、兵庫県震災学校支援チーム、日本心理臨床学会、日本臨床心理士会、日本トラウマティック・ストレス学会がこのプロジェクトの協力団体・機関となっている。

　諸外国のNGOによる心のケアの支援はほぼ1年で終了する事業がほとんどらしい。また、被災地のニーズに合わせて、また中国専門家と共同ですすめていくプロジェクトは他にないようである。アジアは、災害による被災者が世界の9割を占めるという（ADRC, 2008）。西欧社会の心理的支援の方法を参考にしながらも、アジア独自の心理的支援を構築していくことが期待される。災害は限りなく深い悲しみをもたらす。しかし、国境を越えて、人々の絆が深まれば、この災害で無念にも人生を閉じざるをえなかった多くの人々の魂を少しでも宥めることになるだろうか。それは、今後の取り組みにかかっている。

第 5 章
小学生殺害事件後の心理支援

　本章は、小学校2年生Aさんが殺害された後の心理支援活動の経過と考察である。犯人は未逮捕であり、当事者のみならず、子ども・保護者・地域住民は心身に強い打撃を受け、悲しみと怒りと恐怖を抱えていた。Z市教育委員会はじめ当該学校教職員・保護者は、警察や地域住民との連携のもと犯罪に毅然と立ち向かい、子どもの心のケアと防犯態勢に組織をあげて取り組んだ。子どもたちが、犯人未逮捕という恐怖にどう立ち向かい、亡くなったAさんの喪の作業をどのようにすすめ、日常性を回復するために、どのような心理支援活動を行ってきたかを述べる。

　※本章の公開については、Aさんのご遺族および当該教育委員会の許可を得ています。Aさんのご冥福を心よりお祈りいたします。

第1節　事件の概要

　200X年○月○日（火）午後6時ごろ、小学2年生女児Aさんが何者かに自宅付近で刺され、救急車で病院に搬送されたが、約1時間40分後に死亡が確認された。帰宅前、同級生や妹と近くの公園で遊んでいた。幼い命が奪われ、犯人が未逮捕という状況で、地域の人々の衝撃は大きく、また、連日のメディアスクラムも子どもたちの安全を脅かした。Z市教育委員会は、県教育委員会・当該教育事務所と連携をとり、心のケア委員会を立ち上げ、子どもたちの心のケアにあたった。

第2節　心のケアの方針

1　地域の子どもたちへの心のケアの方針

　地域の子どもたちは、幼い命が奪われるという喪失体験といまだ犯人が逮捕されていないという恐怖体験を体験していると推測された。また、ニュースや伝聞により、子どもの殺害という間接的なトラウマを体験していた。
　そのため、以下の方針を立てた。
　①「防犯と心のケアの両輪で」子どもとかかわることが必要である。
　②「安全なところでは安心して、警戒しないといけないところでは落ち着いて」と子どもたちにメッセージを送り、そのメッセージを体験的に学んでもらう活動を取り入れる。
　③亡くなった友を心の中に生かす喪の作業を日常生活の中に織り込む。
　④メディアスクラムに対しては、子どもの心の回復のために、適切な取材を申し入れるとともに、定期的な記者会見を教育委員会が行う。
　⑤担任や養護教諭・保護者など身近な人による適切なかかわりによって、
　　a．友だちの喪失を悲しむときと、日常生活を回復し楽しむときを切りわけて前に進んでいく（2重過程モデル）。
　　b．過剰な不安感・恐怖感を適度な恐怖感に変えることができる（適切緊張感）。
　⑥強いストレス反応が持続するとき、または相談を希望する場合は、スクールカウンセラーによる個別カウンセリングによるかかわりを行う。

2　被害者家族への心のケアの方針

　被害者の姉妹を含め家族に対して長期にわたる心理的支援を行う必要がある。このような犯罪被害の場合には、直後はメディアスクラムや警察の捜査などで被害者家族への接触はむずかしいことが多い。Aさんの作文・絵画などはいずれ家族にお渡しすることになり、また姉妹の再登校がご遺族支援の機会となる。

第3節　心のケアの実際

Fig.5-1に、本事件後の心のケアの取り組みの概要を示した。

おとなが望ましい対応を	**保護者説明会**：心のケア態勢と保護者による心のチェックシートの配布（＋1日）
	カウンセラー配置：県スクールカウンセラースーパーバイザー（臨床心理士）による児童クラスへの訪問（＋3日）と心のケア教師研修会（＋6日）・市教委カウンセラー2名配置・スクールカウンセラー配置・保護者カウンセリング・クラスで給食をともにする
1週間	**保護者の心のケア研修会**：＋8日13時～：19時～：参加者256名（臨床心理士・心のケアアドバイザー）
	保護者からみた子どもの心とからだのアンケートの配布「いま、おとなたちができること」「こころと身体のさまざまな反応と対処と対応」リーフレット配布（＋9日）
2週間	**「心の授業」のための教師研修会**（＋14日・15日）
	「心の授業」の実施（心とからだのアンケート）（「かなしい・こわいことがあったとき」〔小1～3年〕「こんなときにやってみること」〔小4～6年〕配布）（＋16日）
子どもたちへのストレス対処と個別面談	担任による3分間**個別面談**・スクールカウンセラーによるカウンセリング（1＋16日～23日）

Fig.5-1 ◆ 事件後の心のケアの取り組みの概要

1　事件発生翌日の保護者会：アンケートの配布とメッセージ

　事件発生の翌日の夜に学校で保護者集会を開催し、学校長が事件の概要を説明し、同時に、保護者にＢ５版１枚の子どもの心身反応の変化についての６項目のアンケート（児童の心のチェックシート）を配布した。

　☆心のケアの説明の要旨

　心のケアについては、校長から、「17日の該当クラスの子どもたちに変化は見られなかったが、２、３日たつと思い出し、夜泣きしたり、おねしょしたり、パニック状態になることもある。児童に合わせた対応を取れるようカウンセラーを要請するので、変化があれば担任に言ってほしい」との説明があった。

　☆児童の心のチェックシートは、当該校が作成した。当該校は、日常的に、心のようすやストレスについてのアンケートを実施し、心の健康教育活動を行っていたことが、迅速な対応ができた理由と考えられる。このアンケートの配布により、児童の心身の変化が担任に報告され、心のケアの必要性が切実な課題であることが共有できた。

　アンケートの下部には、「以上のようなようすが見られたら担任に連絡をしてください。担任と相談の上、カウンセラーによる心のケアを実施したいと思います。そのほか気になることがありましたら、担任とよく相談してください」と説明が書かれていた。

2　教育センター・カウンセラーの配置と活動

・学校心理士（市教育委員会指導主事）の配置。期間：２日後〜１か月３日まで。
人員：Ｂ小学校、Ｃ小学校各１名。内容：児童のようす観察、ＳＣとの連絡等。

・スクールカウンセラー・スーパーバイザーの配置。期間：３日後〜１か月14日後まで。
人員：Ｂ小学校、Ｃ小学校各１名（被害者支援等を専門とする臨床心理士）。内容：児童や保護者のカウンセリング、教職員の相談。心のケアシステムのアドバイス等。心のケアのための保護者グループ勉強会。

3　スクールカウンセラー・スーパーバイザーによる教員研修

　兵庫県スクールカウンセラー・スーパーバイザーにより、事件から4日後に、教員研修が行われた。

4　心のケア委員会の組織化と活動

　Z市教育委員会は、Fig.5-2に示す心のケアの組織を立ち上げた。活動の内容、情報交換は、この委員会の決定によってすすめられた。

5　1週間後の保護者対象心のケア研修会

　心のケアチームは、1週間後の昼と夜の2回、保護者向けの心のケア研修会を実施した。昼夜あわせて246名の保護者・学校関係者が参加した。「いまおとなたちができること」と「心とからだの反応と対処」を参加者に配付した。心のケアアドバイザー（筆者）が講師を務めた。まず、この事件が子どもや大人に及ぼす衝撃について、①大切なお友だちの死、②犯人未逮捕の恐怖、③直接の目撃は限られており、どう情報を伝えるかで子どもの反応が異なる（間接曝露）、について説明した。そして、それらのストレスが引き起こす心身反応は誰にでもおこる自然な反応であることを伝え、身近な大人が適切にかかわれば、ほと

　　県教育委員会・義務教育課
　　県教育事務所
　　Z市教育委員会
　　Z市教育委員会心のケアチーム　（6日後設置）
　　　　委員長・Z市学校教育局長
　　　　委員　小学校長・中学校長・幼稚園長・幼小中教諭・
　　　　　　教育相談センター長・
　　　　　　教育相談センター指導主事（カウンセラー）
　　　　アドバイザー
　　　　　　スクールスーパーバイザー（臨床心理士）

Fig.5-2 ◆ 事件後の心のケア委員会

んどが収束していくことを話した。また、安全な空間で眠れないときのリラックス法についての実技を紹介した。講話とリラックス法の実技を45分、残り15分を質疑応答にあてた。研修会が終わってから、個別の相談にも応じた。

保護者研修会での主な質問と個別の相談でのやりとり。

・小１の子の母「事件のことについては話していないんですが、それでいいのでしょうか？　夜尿がふたたびあったりはしているんですが」

〈お母さんのペースで伝えてあげたらいいですよ。そのようすだと、お子さんは知っているようですよね。子どもさんはいろいろ想像しますので、「えっ」て思うことを考えていることもあるので、話しあうことができるようになることが大切ですよ〉

・小２の子の母「家に私がいるのに、大きな声で『お母さんどこ？』といったり、私が外出するときに、『お母さん、外で刺されたらだめよ』といったり、『Ａちゃんはなぜ死なないといけなかったの』と聞かれて、なんて答えてあげたらいいかと」

〈『お母さんどこ』と大きな声を出せるということがすごいじゃないですか。しかも、お母さんのことも心配してそれをことばで言えるんですから。ほめてあげてください。それと、『どうして、死なないと……』というのは、いっしょに、悩む、考える、という姿勢が大切なんだと思います〉

・「小２の子ですが、ぼんやりしていたり、勉強ができていない、話しかけても返事がない。どう接したらいいんでしょう？」

〈あんな悲しいことがあったんだから、勉強に集中できないというのは、自然だよ。つらそうにみえるけど、心配していることがあったら、いつでもお話ししてくれたらいいんだよ。お話しすると、少し気持ちが楽になるんだよ。『なにがあったの？』『なに考えているの？』ではなくてね〉

「あー、わたし、そっちの方（どうして、なぜ、という質問ぜめ）だったと思います」

・「幼稚園の５歳の男の子です。この状況がよくわかっていなくて、ひとりで勝手に、外に出てしまって。それで、『そんなことするんだったら、路地で刺されて死んでしまうよ』って言ってしまったんです（少し涙ぐんで）」

〈そうですか、それは心配ですよね。それはそういって叱ってもいいですよ。

お母さんが精一杯、メッセージを送られてね。ただ、叱った後に、落ち着いて話し合うことができればいいですね。たとえば、『お母さん、大きな声で叱ったけど、びっくりした？』ってね。気持ちが表現できるようになるといいんですよ〉（お母さんは少しほっとしたようす）
・幼稚園の教師「相談したい保護者は小学校でも受けてもらえるって聞いて、ほっとしました」

6　保護者への子どもの心とからだのアンケートとリーフレット

　心のケア研修会に参加していない保護者もいるので、保護者への子どものこころと身体のアンケートと、リーフレットを配付した。

7　心の授業のための教員研修

　子どもへの心とからだのアンケートを実施するための心の授業を担任が実施するために、2校において心の授業研修会を実施した。リラックス法などの参加体験型授業であったので、教師のストレスマネジメントにもなったとのことであった。

8　心の授業と個別相談 ── 心とからだのアンケート

⑴　心とからだのアンケート
　子ども外傷後ストレス反応アンケート（小学1〜3年生は、22項目の絵入りの子どものトラウマ・アンケート、小学4〜6年生は、31項目の子どものトラウマ・アンケート）と親からみた子どもの外傷をストレス反応アンケートとした。
① 子どものトラウマ・アンケート（服部・山田, 1999；改変版：Child Trauma Response Revised Index；CTRRI）
　服部・山田（1999）は、阪神淡路大震災後の子どもの心身反応を把握するために22項目の絵入りの子どものトラウマ・アンケートを作成した。小澤（2005）は、そのアンケートを事件後の心のケアとして一部改変して活用している。犯人が未逮捕という状況であり、かつ被害児童が自宅の外で刺殺されたこともあり、「おうちがこわい」「がっこうがこわい」という2項目を追加した。各項目に対して、「ない」、「ある」、「ある・ある」、「ある・ある・ある」の4件法であ

てはまるところに〇をしてもらった。
② 心理教育のためのトラウマ反応アンケート（冨永・小澤・髙橋, 2005）
　小学4～6年生に対して自記式のアンケートを実施した。
③ 親からみた子どものトラウマ反応アンケート（冨永・小澤・髙橋, 2005）
　小学1～6年生までの保護者を対象に、「保護者からみた子どもの心とからだのアンケート」を実施した。実施に際し、「いまおとなたちができること」、「心と身体のさまざまな反応への対応と対処」が配付された。
④ アンケートの数値データ入力および統計処理
　2校約千名の児童のアンケート結果、および保護者のアンケート結果のデータ入力は、Z市教育委員会が担当した。

(2) 教師とスクールカウンセラーによる個別相談
　子どもへの心とからだのアンケートを心の授業で実施した後に、すべてのクラスで、担任が3分間教育相談（お話タイム）を、事件後3週目から4週目の1週間に実施した。個別面談で重たい反応を示した児童については、養護教諭・スクールカウンセラーが対応した。なお、Aさんのクラスでは、筆者が担任とともに、児童全員に個別教育相談を行った。

9　ご遺族のサポート

　姉妹の再登校に際し、当該学校長の配慮で、再登校準備に向けた打ち合わせを関係者が何度も集い実現した。また、姉の再登校時による二次被害防止のための事前の心の授業も当該学年各クラスで実施された。

第4節　アンケートの分析

　当該の小学校2校、児童数1,121名、児童アンケート回収数1,085名、親アンケート回収数1,054名であった。統計的分析対象は、児童・親の両方が回答した1,013名とした。

1　小学1～3年生へのアンケート（CTRRI）の結果

(1) 項目ごとの平均値

　CTRRの小学1～3年生の子どものCTRR得点の平均値と標準偏差をTab.5-1に示す。Q7 じけんのゆめやこわいゆめをみる、Q19 すぐわすれたりおもいだせない、Q6 ちいさいおとにびっくりする、Q8 ふいにじけんのことをおもいだす、Q3 ねむれなかったりとちゅうでめがさめる、Q10 またじけんがおきるのではとしんぱいだ、は、約半数が「ある」と回答している。それら

Tab.5-1 ◆ 子どものトラウマ反応アンケート（CTRR）の平均値と標準偏差

番号	項目内容	平均値	標準偏差	度数
Q7	じけんのゆめやこわいゆめをみる	0.97	1.121	514
Q19	すぐわすれたりおもいだせない	0.95	1.098	514
Q6	ちいさいおとにびっくりする	0.93	1.131	517
Q8	ふいにじけんのことをおもいだす	0.93	1.092	513
Q3	ねむれなかったりとちゅうでめがさめる	0.92	1.099	514
Q10	またじけんがおきるのではとしんぱいだ	0.86	1.06	514
Q11	おうちのなかにいてもこわい	0.78	1.049	514
Q1	しんぱいでいらいらしておちつかない	0.7	0.907	516
Q18	じぶんがわるかったとおもう	0.6	0.919	512
Q2	むしゃくしゃしてらんぼうになってすぐかっとなる	0.56	0.904	517
Q4	あたまいたやおなかがいたいなどからだのぐあいがわるい	0.55	0.822	516
Q17	ひとりぼっちになったようなきがする	0.53	0.896	511
Q16	べんきょうがつまらなくなった	0.48	0.892	514
Q9	テレビやしんぶんをみるとこわい	0.48	0.874	514
Q21	そとでひとりになってもへいきだ	0.43	0.936	512
Q5	かんたんなことができなくなった	0.39	0.766	516
Q13	かなしくてなにもしたくない	0.35	0.756	514
Q14	あそんでいてもたのしくない	0.35	0.78	514
Q12	がっこうのなかにいてもこわい	0.28	0.69	516
Q15	たべたくないしおいしくない	0.24	0.644	514
Q20	だれともはなしたくない	0.23	0.646	511
Q22	ひとがまえよりもすきになった	1.15	1.201	513
Q23	こまっているひとのせわをするようになった	1.09	1.1	512
Q24	みんなとなかよくしたいとおもう	2.01	1.165	511

の「ある・ある・ある」は、13～16％であった。

(2) 因子分析

小学1～3年生503名を対象に、因子分析（主因子法、プロマックス回転）を行った（Tab.5-2）。因子の減衰状況と解釈可能性を考慮して因子数を決定した結果、3因子を抽出した。第1因子は、Q8 ふいにじけんのことをおもいだす、Q11 おうちのなかにいてもこわい、Q10 またじけんがおきるのではとしんぱいだ、Q6 ちいさいおとにびっくりする、など、「再体験・過覚醒」、第2因子は、

Tab.5-2 ◆ 子どものトラウマ反応アンケート（CTRRI）の因子分析（主因子法、プロマックス回転）

項目		1	2	3
		$\alpha=0.866$	$\alpha=0.757$	$\alpha=0.659$
Q8	ふいにじけんのことをおもいだす	0.855	-0.206	-0.009
Q11	おうちのなかにいてもこわい	0.839	-0.074	-0.08
Q10	またじけんがおきるのではとしんぱいだ	0.781	-0.151	-0.006
Q6	ちいさいおとにびっくりする	0.669	-0.027	0.007
Q12	がっこうのなかにいてもこわい	0.622	0.079	-0.129
Q9	テレビやしんぶんをみるとこわい	0.606	-0.054	0.045
Q1	しんぱいでいらいらしておちつかない	0.548	0.068	0.04
Q7	じけんのゆめやこわいゆめをみる	0.518	0.097	0.103
Q17	ひとりぼっちになったようなきがする	0.424	0.322	-0.022
Q3	ねむれなかったりとちゅうでめがさめる	0.373	0.208	0.015
Q13	かなしくてなにもしたくない	0.352	0.326	0.085
Q4	あたまいたやおなかがいたいなどからだのぐあいがわるい	0.298	0.202	0.117
Q20	だれともはなしたくない	-0.063	0.689	-0.102
Q2	むしゃくしゃしてらんぼうになってすぐかっとなる	-0.139	0.651	0.034
Q16	べんきょうがつまらなくなった	0.091	0.586	-0.085
Q5	かんたんなことができなくなった	0.057	0.513	0.015
Q14	あそんでいてもたのしくない	0.239	0.466	-0.099
Q15	たべたくないしおいしくない	0.21	0.431	-0.098
Q21	そとでひとりになってもへいきだ	-0.167	0.398	0.037
Q19	すぐわすれたりおもいだせない	0.218	0.377	0.163
Q18	じぶんがわるかったとおもう	0.2	0.284	0.19
Q22	ひとがまえよりもすきになった	-0.013	-0.025	0.703
Q23	こまっているひとのせわをするようになった	-0.128	0.131	0.624
Q24	みんなとなかよくしたいとおもう	0.145	-0.182	0.563
	因子間相関		0.697	0.326
				0.283

Q20 だれともはなしたくない、Q2 むしゃくしゃしてらんぼうになってすぐかっとなる、Q16 べんきょうがつまらなくなった、Q5 かんたんなことができなくなった、Q14 あそんでいてもたのしくない、など「抑うつ・マヒ」、第3因子はQ22 ひとがまえよりもすきになった、Q23 こまっているひとのせわをするようになった、Q24 みんなとなかよくしたいとおもう、であり「思いやり」と命名した。なお、それぞれの因子のα係数を算出したところ、「再体験・過覚醒」は0.866、「抑うつ・マヒ」は0.757、「思いやり」は0.659であり、「思いやり」はα係数が低かったもののトラウマ関連の2因子の内的一貫性は認められた。

2　小学4～6年生への心理教育のためのトラウマ反応アンケート（Ptsr-ed-loss）

(1) 項目ごとの平均値

　Ptsr-ed-lossの小学4～6年生の子どものPtsr-ed-loss得点の平均値と標準偏差をTab.5-3に示す。c9 またあんなことがおこりそうで心配だ（「はい」=73.9％）、c15 そのことについては、話さないようにしている（「はい」=55.6％）、c1 心配でおちつかない（「はい」=44％）、c23 現実のこと、本当のことと思えない（「はい」=34.7％）、c4 ちょっとした音にもびくっとする（「はい」=33.7％）、c2 むしゃくしゃしたり、いらいらしたり、かっとしたりする（「はい」=37.7％）、c10 そのときのことが頭からはなれない（「はい」=36.2％）、c3 眠れなかったり、とちゅうで目がさめたりする（「はい」=30.27％）などであった。

(2) 因子分析

　小学4～6年生477名を対象に、因子分析（主因子法、プロマックス回転）を行った（Tab.5-4）。因子の減衰状況と解釈可能性を考慮して因子数を決定した結果、3因子を抽出した。第1因子は、c10 そのときのことが頭からはなれない、c9 またあんなことがおこりそうで心配だ、c8 ふいにそのときのことを思い出す、c11 考えるつもりはないのに、そのときのことを考えてしまう、c1 心配でおちつかない、などであり「再体験・不安」因子と命名した。第2因子は、c2 むしゃくしゃしたり、いらいらしたり、かっとしたりする、c6 気持ちがたかぶったり、はしゃいだりしている、c26 激しいいかりがわいてくる、c13 と

きどきぼーっとしてしまう（なにも感じられなくなる）、c5 なにかしようとしても集中できない、であり、犯人への怒り・過覚醒が考えられ、「怒り・過覚醒」因子と命名した。第3因子は、c18 だれとも話したくない、c19 どんなにがんばっても意味がないと思う、c28 学校や家の中でも安心できない、c22 だれも人は信用できないと思う、c20 ひとりぼっちになったと思う、c27 自分の気持

Tab.5-3 ◆ 小学4～6年生への心理教育のためのトラウマ反応アンケート（Ptsr-ed-loss）

	項目	平均値	標準偏差	度数
c9	またあんなことがおこりそうで心配だ	1.28	1.037	494
c15	そのことについては、話さないようにしている	0.98	1.08	495
c1	心配でおちつかない	0.62	0.805	496
c23	現実のこと、本当のことと思えない	0.59	0.953	496
c4	ちょっとした音にもびくっとする	0.58	0.939	496
c2	むしゃくしゃしたり、いらいらしたり、かっとしたりする	0.58	0.849	496
c10	そのときのことが頭からはなれない	0.57	0.886	495
c3	眠れなかったり、とちゅうで目がさめたりする	0.55	0.96	496
c16	そのことを思い出させるもの（ニュースなど）や人や場所をさける	0.54	0.978	493
c8	ふいにそのときのことを思い出す	0.52	0.846	496
c26	激しいいかりがわいてくる	0.5	0.862	496
c13	ときどきぼーっとしてしまう（なにも感じられなくなる）	0.47	0.839	494
c11	考えるつもりはないのに、そのときのことを考えてしまう	0.44	0.819	496
c7	そのことの夢やこわい夢をみる	0.43	0.862	496
c5	なにかしようとしても集中できない	0.39	0.711	495
c29	頭やおなかなどが痛かったり、からだのぐあいが悪い	0.39	0.773	496
c6	気持ちがたかぶったり、はしゃいだりしている	0.36	0.739	495
c28	家や学校の中でも安心できない	0.35	0.723	495
c12	そのときのことを思い出すと、どきどきしたり、苦しくなったりする	0.35	0.745	494
c14	そのときのことについてよく思い出せない	0.34	0.733	492
c24	泣きたい気分なのに、悲しいという気持ちがわいてこない	0.31	0.723	496
c27	自分の気持ちを話せる人がいない	0.21	0.601	495
c17	楽しいことが楽しいと思えなくなった	0.18	0.525	495
c30	学校に行くのがつらい	0.18	0.574	496
c31	食欲がない	0.17	0.536	495
c21	自分のせいで悪いことがおこったと思う	0.17	0.559	496
c19	どんなにがんばっても意味がないと思う	0.16	0.522	496
c20	ひとりぼっちになったと思う	0.16	0.484	496
c22	だれも人は信用できないと思う	0.13	0.448	496
c25	涙がとめどもなくながれる	0.11	0.47	494
c18	だれとも話したくない	0.03	0.213	496

Tab.5-4 ◆ Ptsr-ed-loss の因子分析（主因子法、プロマックス回転）

	項目	1	2	3
		α＝0.894	α＝0.776	α＝0.721
c10	そのときのことが頭からはなれない	0.832	-0.029	-0.069
c 9	またあんなことがおこりそうで心配だ	0.8	0.005	-0.151
c 8	ふいにそのときのことを思い出す	0.798	-0.065	-0.059
c11	考えるつもりはないのに、そのときのことを考えてしまう	0.762	0.143	-0.094
c 1	心配でおちつかない	0.686	0.04	0.021
c12	そのときのことを思い出すと、どきどきしたり、苦しくなったりする	0.603	0.128	0.002
c 4	ちょっとした音にもびくっとする	0.563	0.038	0.104
c 3	眠れなかったり、とちゅうで目がさめたりする	0.545	0.001	0.166
c 7	そのことの夢やこわい夢をみる	0.516	-0.029	0.136
c23	現実のこと、本当のことと思えない	0.419	0.068	-0.003
c29	頭やおなかなどが痛かったり、からだのぐあいが悪い	0.372	0.263	0.056
c25	涙がとめどもなくながれる	0.318	0.241	0.031
c16	そのことを思い出させるもの（ニュースなど）や人や場所をさける	0.293	0.271	0.005
c24	泣きたい気分なのに、悲しいという気持ちがわいてこない	0.283	0.241	0.01
c 2	むしゃくしゃしたり、いらいらしたり、かっとしたりする	-0.039	0.828	-0.135
c 6	気持ちがたかぶったり、はしゃいだりしている	-0.131	0.547	0.277
c26	激しいいかりがわいてくる	0.166	0.511	-0.069
c13	ときどきぼーっとしてしまう（なにも感じられなくなる）	0.07	0.488	0.148
c 5	なにかしようとしても集中できない	0.05	0.399	0.294
c14	そのときのことについてよく思い出せない	0.103	0.343	-0.02
c15	そのことについては、話さないようにしている	0.297	0.317	-0.122
c21	自分のせいで悪いことがおこったと思う	0.21	0.263	0.01
c18	だれとも話したくない	-0.101	-0.147	0.592
c19	どんなにがんばっても意味がないと思う	-0.224	0.226	0.539
c28	学校や家の中でも安心できない	0.402	-0.21	0.48
c22	だれも人は信用できないと思う	-0.019	0.062	0.479
c20	ひとりぼっちになったと思う	0.125	0.064	0.462
c27	自分の気持ちを話せる人がいない	0.108	0.053	0.419
c17	楽しいことが楽しいと思えなくなった	0.13	0.064	0.413
c31	食欲がない	0.31	-0.06	0.34
c30	学校に行くのがつらい	0.279	0.003	0.319
	因子間相関		0.644	0.637
				0.654

ちを話せる人がいない、c17 楽しいことが楽しいと思えなくなった、であり、「抑うつ・否定的認知」因子と命名した。なお、それぞれの因子のα係数を算出したところ、「再体験・不安」因子は0.894、「怒り・過覚醒」因子は0.776、「抑うつ・否定的認知」因子は0.721であり、各因子の内的一貫性は認められた。

3　保護者への子どもの心とからだのアンケート

(1) 項目ごとの平均値

小学1～6年生の保護者941名のPtsr-ed-pt得点の平均値と標準偏差をTab.5-5に示す。p 3 非常に警戒して用心深くなっている（「はい」=33.3%）、p 1 いらいらして怒りっぽくなっている（「はい」=31.1%）、p 17 甘えたり、小さい頃にもどったようなふるまいをする（「はい」=25%）、p 2 物音がするとどきっとしたり、すぐにびくっとする（「はい」=25.5%）、p 21 トイレやお風呂にひとりで行けない（「はい」=17.7%）、p 25 「しんどい・つかれた」ようすである（「はい」=16.5%）、p 4 勉強や遊びに集中できないようだ（「はい」=16.4%）、p 11 ぼーっとしていることがある（「はい」=15.3%）、p 6 よく眠れないようだ（「はい」=14.0%）、p 20 家のなかでも親から離れられない（「はい」=12.5%）、などであった。

(2) 因子分析

小学1～6年生941名の保護者を対象に、因子分析（主因子法、プロマックス回転）を行った（Tab.5-6）。因子の減衰状況と解釈可能性を考慮して因子数を決定した結果、4因子を抽出した。第1因子は、p 3 非常に警戒して用心深くなっている、p 19 とてもおびえている、p 2 物音がするとどきっとしたり、すぐにびくっとする、p 20 家のなかでも親から離れられない、p 21 トイレやお風呂にひとりで行けない、であり、「警戒・過覚醒」因子と命名した。第2因子は、p 1 いらいらして怒りっぽくなっている、p 11 ぼーっとしていることがある、p 5 興奮したり、気分が高まっている、p 25「しんどい・つかれた」ようすである、p 4 勉強や遊びに集中できないようだ、p 6 よく眠れないようだ、などであり、「怒り・過覚醒」因子と命名した。第3因子は、p 15 無口になり話すことをいやがる、p 13 その出来事を思い出させる場所などをいやがったり避

Tab.5-5 ◆ 小学1〜6年生の保護者からみた子どものトラウマ反応アンケート

番号	項目	平均値	標準偏差	度数
p3	非常に警戒して用心深くなっている	0.45	0.727	1011
p1	いらいらして怒りっぽくなっている	0.38	0.619	1010
p17	甘えたり、小さい頃にもどったようなふるまいをする	0.33	0.649	1007
p2	物音がするとどきっとしたり、すぐにびくっとする	0.32	0.598	1010
p21	トイレやお風呂にひとりで行けない	0.26	0.648	1010
p25	「しんどい・つかれた」ようすである	0.2	0.507	1011
p4	勉強や遊びに集中できないようだ	0.2	0.472	1010
p11	ぼーっとしていることがある	0.19	0.479	1011
p6	よく眠れないようだ	0.18	0.493	1011
p20	家のなかでも親から離れられない	0.17	0.507	1010
p16	「ボク（私）は、ぜんぜん、こわくない」と言う	0.17	0.511	1003
p5	興奮したり、気分が高まっている	0.16	0.447	1010
p31	死について、たずねてくる	0.16	0.461	1006
p12	その出来事に関係することの話をしたり、聞いたりすることをいやがる	0.13	0.467	1007
p19	とてもおびえている	0.13	0.41	1008
p22	お腹や頭が痛くなるなど身体の調子を悪くしている	0.11	0.409	1011
p13	その出来事を思い出させる場所などをいやがったり避ける	0.11	0.416	1001
p7	こわい夢を見たり、うなされたり、夜中に突然起きて叫んだりしている	0.1	0.393	1010
p10	その出来事を連想させること（たとえば、TVで事件のニュースをみるなど）があると、気持ちが不安定になったり、身体の不調を訴える	0.09	0.343	989
p18	小さい頃にしていた癖（夜尿やつめかみなど）がふたたびはじまった	0.09	0.357	1011
p14	それまで楽しかったことが楽しめない	0.06	0.33	1011
p33	登校をいやがる	0.06	0.329	1009
p28	「だれもわかってくれない」と言ったり、ひとりぼっちだと思っている	0.05	0.273	1009
p26	食欲がない	0.05	0.285	1010
p9	ショックなことを繰り返し話す	0.05	0.23	1009
p30	「人が信じられない」と言ったり、思っている	0.04	0.249	1008
p24	もともとの病気（喘息やアトピーなど）が悪化している	0.04	0.257	1010
p34	親になにも言わずに遊びにでかける	0.03	0.24	1008
p15	無口になり話すことをいやがる	0.03	0.182	1010
p29	自分を責めたり、自分が悪かったと思っている	0.02	0.188	1007
p27	「こんなことがあるんだから、どんなにがんばっても仕方ない」と、勉強などに無気力になっている	0.02	0.196	1009
p32	涙がとまらない	0.02	0.177	1010
p8	ショックなことに結びつくような内容の遊びをしている	0.01	0.121	1011
p23	食べ物を吐いてしまう	0.01	0.104	1010

Tab.5-6 ◆ 保護者からみた子どものトラウマ反応アンケートの因子分析（プロマックス回転）

番号	項目	因子			
		1	2	3	4
		α=0.788	α=0.774	α=0.727	α=0.686
p3	非常に警戒して用心深くなっている	0.747	0.015	-0.131	-0.057
p19	とてもおびえている	0.699	-0.149	0.118	0.065
p2	物音がするときっとしたり、すぐにびくっとする	0.687	0.066	-0.162	-0.007
p20	家のなかでも親から離れられない	0.665	-0.027	0.031	0.102
p21	トイレやお風呂にひとりで行けない	0.614	-0.06	0.011	0.025
p1	いらいらして怒りっぽくなっている	-0.168	0.666	-0.073	0.125
p11	ぼーっとしていることがある	-0.169	0.558	0.127	-0.019
p5	興奮したり、気分が高まっている	-0.038	0.531	-0.013	0.143
p25	「しんどい・つかれた」ようすである	0.088	0.513	-0.008	0.085
p4	勉強や遊びに集中できないようだ	-0.069	0.48	0.077	0.133
p6	よく眠れないようだ	0.229	0.473	-0.002	-0.078
p17	甘えたり、小さい頃にもどったようなふるまいをする	0.253	0.391	-0.001	0.078
p18	小さい頃していた癖（夜尿やつめかみなど）が	0.091	0.367	0.073	-0.151
p24	もともとの病気（喘息やアトピーなど）が悪化している	-0.011	0.361	-0.028	-0.038
p22	お腹や頭が痛くなるなど身体の調子を悪くしている	0.2	0.341	-0.036	0.145
p7	こわい夢を見たり、うなされたり、……	0.207	0.322	0.209	-0.269
p33	登校をいやがる	0.104	0.257	0.058	0.167
p23	食べ物を吐いてしまう	0.027	0.133	0.023	0.043
p15	無口になり話すことをいやがる	-0.183	0.011	0.757	0.064
p13	その出来事を思い出させる場所などをいやがったり避ける	0.131	0.04	0.592	-0.02
p12	その出来事に関係することの話をしたり、……	0.151	0.031	0.586	-0.111
p32	涙がとまらない	0.031	-0.035	0.514	0.005
p14	それまで楽しかったことが楽しめない	-0.071	0.054	0.496	0.025
p16	「ボク（私）は、ぜんぜん、こわくない」と言う	-0.1	0.097	0.342	0.064
p10	その出来事を連想させること（たとえば、ＴＶで事件のニュースをみるなど）があると、……	0.285	0.197	0.311	-0.137
p28	「だれもわかってくれない」と言ったり、……	-0.015	0.037	-0.044	0.711
p27	「こんなことがあるんだから、どんなにがんばっても仕方ない」と、……	-0.092	-0.123	0.371	0.607
p29	自分を責めたり、自分が悪かったと思っている	0.053	0.034	-0.007	0.589
p34	親になにも言わずに遊びにでかける	-0.114	0.092	0.013	0.403
p30	「人が信じられない」と言ったり、思っている	0.311	-0.231	0.094	0.39
p9	ショックなことを繰り返し話す	0.156	0.167	-0.054	0.268
p31	死についてたずねてくる	0.225	0.113	0.035	0.232
p8	ショックなことに結びつくような内容の遊びをしている	0.068	0.095	-0.133	0.223
p26	食欲がない	0.177	0.153	-0.004	0.202

ける、p12 その出来事に関係することの話をしたり、p32 涙がとまらない、p14 それまで楽しかったことが楽しめない、であり、「回避」因子と命名した。第4因子は、p28「だれもわかってくれない」と言ったり、p27「こんなことがあるんだから、どんなにがんばっても仕方ない」と、p29 自分を責めたり、自分が悪かったと思っている、p34 親になにも言わずに遊びにでかける、p30「人が信じられない」と言ったり、思っている、であり、「否定的認知」因子と命名した。なお、それぞれの因子のα係数を算出したところ、「怒り・過覚醒」因子は0.788、「怒り・過覚醒」因子は0.774、「回避」因子は0.727、「否定的認知」因子は0.686であり、「否定的認知」因子がやや低いものの各因子の内的一貫性は認められた。

4　子どものアンケートと保護者のアンケートの相関分析

小学1〜3年生の子どものアンケート分析結果の第1因子（再体験・過覚醒）因子得点を従属変数として、保護者からみたアンケートの各項目データを説明変数とした重回帰分析の結果、統計的に有意な差が認められたのは、p3 非常に警戒して用心深くなっている、p26 食欲がない、p31 死についてたずねてくる、p30 人が信じられないと言ったり、p23 食べ物を吐いてしまう、p13 その出来事を思い出させる場所や人を避ける、p16 ぜんぜんこわくないという、p32 涙がとまらない、であった。また、第2因子（抑うつ・マヒ）の因子得点を従属変数として、保護者からみたアンケートの各項目データを説明変数とした重回帰分析の結果、統計的に有意な差が認められたのは、p31 死についてたずねてくる、p26 食欲がない、p9 ショックなことを繰り返し話す、p23 食べ物を吐いてしまう、であった。

こわい夢をみたり、うなされる、よくねむれないようだ、などの再体験・過覚醒の項目は、統計的な有意差もみいだせなかった。

第5節　考察

1　事件後の心のケアのあり方

　児童の殺害事件、犯人未逮捕という状況のなか、身近な存在である保護者や担任教師こそ、子どもの心のケアに最も大きな役割を果たすと仮説して、事件後2週目までの間に、保護者と教師への子どもの心身反応に対する望ましい対処についての心理教育を徹底した。詳細な保護者からみた子どものトラウマ反応アンケートによって、なお多くの子どもが心身反応を示していることが予想されたため、3週間目から4週間目に、子どもへの直接のトラウマ反応アンケートを実施した。トラウマ反応アンケートは単独で実施すると再体験や恐怖を引き起こすため、1コマの「心の授業」の中で、眠りのためのリラックス法、落ち着くためのリラックス法、絆のワークなどを実施しながら、行った。そして、その後、クラス全員の児童に担任教師は個別相談（お話タイム）を行った。

　心の授業は事前の教師研修会を開催し、当該クラス以外は担任教師が実施した。公園で最後にいっしょに遊んだ児童が、事件後「自分が助けてあげることができなかった」と自分を責め続けていたことがわかったのは、その心の授業のあとの担任教師との個別相談（お話タイム）だった。その児童は、個別相談がはじまるやいなや泣きはじめたため保健室で養護教諭が40分抱きしめ、その間、その思いをはじめて語ったのち、すっきりした表情で次の授業に復帰した。

　緊急支援にはいったスクールカウンセラーが事件直後に受けた相談は保護者がほとんどであったが、心身反応を持続させる児童のカウンセリングも徐々に実施していった。

2　日頃の教育相談活動と心のケアの組織的対応

　当該の小学校では、日頃心とからだのアンケートを折々に実施していた。そのため事件翌日の保護者説明会において、B5判の「保護者からみた児童の心のチェックシート」が心のケアの説明とともに保護者に配付された。これは当該学校長の判断であった。保護者は、この1枚の用紙に子どものようすを書き

綴り、教師は学校では見せない子どもの心身反応を知ることができた。そのため、心のケアの必要性の共通認識を、教師、教育委員会、PTAがもつことができたと考えられる。また、市教育相談センターの指導主事（カウンセラー）が2校に事件直後から常駐し、かつ当該のクラスで給食をいっしょにとるなどにより、自然なかかわりのなかで児童たちの心のケアをすすめていくことができた。このように、危機事態には日頃の教育相談力こそ大切であると結論できる。

次に、1か月間にわたる集中した心のケアが実施できたのは、心のケア委員会を立ち上げ、保護者研修会の案内、その準備、保護者に配布するリーフレットの印刷、保護者・小学1〜3年生用・小学4〜小6年生用アンケートの印刷配付、千名以上のアンケート結果のデータ入力、教師への心のケア研修会の実施、そしてマスコミへの定期的な記者会見、という大変な仕事を、市教育委員会あげて取り組んだからにほかならない。心のケア委員会という組織がなければ、このような活動は一切できなかったであろう。

各地で事件が起こったあとの心のケア活動が展開されているが、心のケアに携わる人たちの不協和から、事件後にメンタルヘルスの不調に陥った対人援助職者を多く知っている。

そのため、市教育長、心のケア委員会委員長、委員と適切な連携力があればこそ実現できたことも付記しておきたい。

3　事件による悲嘆と恐怖とその対応

子どものアンケートの分析は、犯人未逮捕の恐怖が強く示唆される結果を示した。「また事件が起きるのでは」という心配は、小学1〜3年生では、約50％が「ある」と、小学4〜6年生では74％が「ある」と回答した。また、「事件のゆめや怖い夢を見る」は、小学1〜3年生では51％が「ある」と、小学4〜6年生では25％が「はい」と回答した。

また、小学1〜3年生では「おうちのなかにいてもこわい」に「はい」と回答した児童は43％、「がっこうのなかにいてもこわい」に「はい」と回答した児童は17％であった。

事件が自宅前で起こったこともあり、自宅は必ずしも安心できる場所ではないと考えていることがこの結果から推測された。一方、自宅に比べて学校は安

心できる児童がほとんどであったことは、地域をあげての防犯態勢が児童の心に安心感をもたらしたのだと考えられる。

4　保護者からみた子どもの反応と子ども自身の反応

　保護者からみた子どもの反応のデータと子ども自身の反応のデータでは、相関はほとんどみられなかった。小学1～3年生の子どものアンケート分析結果の第1因子（再体験・過覚醒）の因子得点を従属変数として、保護者からみたアンケートの各項目データを説明変数とした重回帰分析の結果、統計的に有意な差が認められたのは、p31 死についてたずねてくる、p26 食欲がない、p9 ショックなことを繰り返し話す、p23 食べ物を吐いてしまう、であった。

　こわい夢をみたりうなされる、とてもおびえている、じけんのことをおもいだす、よくねむれないようだ、などの再体験・過覚醒の項目は、統計的な有意差もみいだせなかった。

　このことは、保護者といった身近な重要な人からも子どものトラウマ反応を識別するのが困難なことを示している。それは「悪夢」や「睡眠」は本人が訴えない限り、他者には了解することができないからである。

第 6 章
東日本大震災後の子どもの心理支援システム

　2011年3月11日14時46分18秒、宮城県牡鹿半島の東南東沖130kmの海底を震源として発生した東北地方太平洋沖地震は、日本における観測史上最大の規模であるマグニチュード9.0を記録し、最大震度は7で、震源域は岩手県沖から茨城県沖までの南北約500km、東西約200kmの広範囲に及んだ。この地震により、波高10m以上、最大遡上高40.1mにも上る大津波が発生し、東北地方と関東地方の太平洋沿岸部に壊滅的な被害をもたらした（東日本大震災）。

　震災による死者・行方不明者は約1万9千人、建築物の全壊・半壊は合わせて39万戸以上に上った（2012年6月20日現在）。

　地震と津波による被害を受けた東京電力福島第一原子力発電所では、全電源を喪失して原子炉を冷却できなくなり、大量の放射性物質の漏洩を伴う重大な原子力事故に発展した。これにより、原発のある浜通りを中心に、周辺一帯の福島県住民は長期の避難を強いられている。

　幼稚園児から大学生までの児童・生徒・学生の死者は589名、行方不明者は97名である（岩手県：死者96名・行方不明24名、宮城県：死者411名・行方不明61名、福島県：死者82名・行方不明12名、2011年7月29日現在）。父母のいずれかが死亡または行方不明となった18歳未満の震災遺児は、被災3県で1,295名（岩手445名、宮城711名、福島139名）、両親とも死亡または行方不明の震災孤児（18歳未満）は229名（岩手91名、宮城117名、福島21名）に上る（2011年8月1日現在）。

　未曾有の大災害による子どもの心理支援は、阪神淡路大震災の経験からしても、長期の支援システムが必要と考えられる。

　そこで、本章では、災害後の子どもの心理支援システム構築のため、時期に応じた心理支援活動内容の整理、「心理教育のためのトラウマ・ストレス尺度」の精緻化、教師・カウンセラー研修のあり方をあきらかにする。

第1節　災害後の心理支援モデルと「心とからだの健康観察」の作成

1　なぜ心理教育のためのトラウマ・ストレス尺度を改訂・作成しなければならないか

　阪神淡路大震災後、兵庫県教育委員会（2005）は、毎年、個別に配慮が必要な児童生徒の数を発表していった。個別に配慮が必要な児童生徒の特定は、児童生徒へのストレスやトラウマ反応アンケート、保護者からみた子どもの心とからだのアンケート、教師の日常の観察によって総合的に判断された。この報告は、児童生徒1人ひとりへの教育支援に還元されるだけでなく、震災復興担当教諭（のちに心のケア担当教諭と呼ばれる）の配置数を決定する資料としても活用されていった。そのため、児童生徒へのアンケートは重要な情報の1つである。阪神淡路大震災後の兵庫県教育委員会（2005）の取り組みは、世界に例のない長期にわたる資料である。一方、この資料は毎年横断的な調査による報告だったため、1人ひとりの児童生徒の縦断的な経過を知ることはできなかった。そこで、1人ひとりが経年、ストレスやトラウマをどのように抱え、どう対処していったかといった縦断的な検討に耐えうるアンケートの開発が必要である。

　ここで、災害などの危機事態後の子どものストレスを把握するために、どのようなストレス反応の尺度を構成するかが1つの課題である。多くはPTSDに対応するトラウマ・ストレス反応の尺度が用いられるが、喪失反応に関する複雑性悲嘆の尺度や抑うつ尺度および不安尺度も想定できる。現在世界的に用いられている災害・事件後のスクリーニングテストには、高校生以上にはトラウマ・ストレス反応の尺度として、Weiss & Marmar（1997）の22項目の出来事衝撃度尺度（IES-r）、子ども用にはUCLA PTSD Indexが活用されている。また、アメリカでは、うつ尺度、不安尺度と複数の尺度を適用している。しかし、わが国ではスクールカウンセラーの勤務時数が少ないこと、教師ができる心理アセスメント尺度が必要なことから、教育現場で活用しやすいアンケートを構成する必要がある。そのため教育現場で子どもの心理に関するアンケートを実施するときには、次の4点の課題が指摘できる。

① 心理教育の課題：大規模災害においては、被災者自身が自分の心身反応を知り適切な対処法を学ぶこと（「心理教育」と呼ばれている）が重要であると指摘されている。しかし、IES-r、UCLA PTSD Index は、トラウマの3症状である過覚醒・再体験・回避マヒがランダムに配置されており、スクリーニングテストとしては優れていても、自分自身にどのような反応があらわれ、どう対処したらいいかを学ぶには適切でない。

② 否定的認知の課題：トラウマ反応からストレス障害に移行する因子として、自責感などの否定的認知が指摘されている（Ehlers, Mayou & Bryant, 2003）。しかし、IES-rには否定的認知の項目が含まれていない。

③ 生活が阻害されている行動項目の課題：IES-r、UCLA PTSD Index には身体愁訴、不登校傾向、乱暴な行動などの行動項目が含まれていない。海外では複数のテストを組み合わせて活用しているが、大規模災害のストレス・アンケートとしては項目はできるだけ少ない方がいい。

④ 肯定的な項目の課題：学校享受感、進路将来の目標などの肯定的な項目は、ストレス・アンケートの後の個別面談において有用である。しかし、IES-r、UCLA PTSD Index には含まれていない。

この4点の課題を解決するために、教員・臨床心理士・医師を含むチームを結成し、カテゴリーと項目を精査して、Ptsr-ed-trauma25を作成することとした。

2　なぜトラウマ・ストレス反応の項目を中心とした尺度なのか

第1章第3節で述べたように、災害後の子どものストレッサーには、日常ストレッサー（試験・試合・けんかなど）、災害後の日常ストレッサー（避難所・仮設住宅での生活・校庭が使えないなどの活動を制限された環境など）、トラウマ・ストレッサー（地震や津波時の恐怖）、喪失ストレッサー（大切な人の突然の死や行方不明）、原発事故による低線量被ばくストレッサーの5つの特性の異なるストレッサーが存在する。日常ストレッサーに対しては、不機嫌怒り・身体反応・抑うつ・不集中の4因子から構成されている中学生版ストレス反応尺度（岡安・嶋田ら、1992）があり、喪失ストレッサーには、成人版ではあるが、「その人が亡くなったことを受けいれられない」など19項目から構成されている複雑性悲嘆尺度（Prigerson et al., 1995）がある。「亡くなった人」という用語は、家族を亡くした

子どもには侵襲的すぎる。そのため、喪失体験をした子どもには「現実が本当のことと思えない」など、心理教育を行いやすい否認についての項目を入れる方が安全である。

また、抑うつ尺度としては、村田・清水・森・大島 (1996) の DSRSC (Depresion Self-Rating Scale for Children) の18項がある。喪失ストレッサーの中核的なストレス反応は抑うつであるので、これらの項目を含む必要がある。ところが、この18項目のうち、「夜眠れない」、「学校に行きたくない」、「何をしても楽しくない」については、類似した項目がPtsr-edに含まれている。また、「死んでしまいたいと思うことがある」、「何のために生きているのか分からない」という項目は自殺予防にはきわめて重要な項目であるが、教育現場はそれらの項目内容を含む質問紙は拒否する傾向にある。また、Ptsr-edには、否定的認知のカテゴリーを設けているため、抑うつ反応と強い関連のある自責感や他者への不信などの自己メッセージの方が、そう考えるに至ったきっかけなどを個別面談で語ってもらいやすい。

また、日常のストレスについては「イライラ感」や「勉強への不集中感」が含まれる必要があるが、トラウマ反応の過覚醒にはこの項目そのものが含まれている。そのため、トラウマ反応を主たる構成とするが、日常ストレスや抑うつをある程度推測できる尺度構成とした。

3　心理教育のためのトラウマ・ストレス尺度改訂版の作成

台風23号、台風9号、インド洋大津波、子どもの自殺、子どもの殺害事件、いじめの発見などで活用してきた「心理教育のための心とからだのストレス・アンケート (Post Traumatic Stress Responses scale for psychoEDucation: Ptsr-ed ver.1)」をもとに、長期的な実施をにらんで、項目内容を吟味することとした。

① 「心理教育のためのトラウマ・ストレス尺度改訂版（通称：心とからだのストレスアンケート）」の項目検討のためのワーキンググループの設置

日本心理臨床学会・支援活動委員会に心理アセスメント班を置いた。構成員は、臨床心理士8名、臨床心理士でかつ教師4名、精神科医でかつ臨床心理士1名、教師2名で構成した。Tab.6-1の「心とからだのストレス・アンケート」のコンセプトを共有し、項目を精査していった。

Tab.6-1 ◆ 心理教育のためのトラウマ・ストレス尺度改訂版の要点

1	回答する人自身が、自分の心とからだに何が起こっているのかを理解しやすいように、トラウマの反応カテゴリー（過覚醒、再体験、回避マヒ［喪失では否認］、否定的認知）と生活のカテゴリーごとに、項目をまとめる。質問紙法では、カテゴリーにまとめず、ランダムに項目を配置する方がよいとされている。しかし、混乱した状況の中でも、回答する人が自らの心身反応について考えることができる利点がある。
2	"地震"、"津波"、"災害"といった特定の出来事をアンケートに含めない。いずれ月日が経つと、被災地域全体に強い回避反応が生じる。「"地震"、"津波"ということばを聞きたくない」という反応である。そのため、「つらかった・ショックだったこと」というふうに、特定の出来事を記載しない。それにより、被災した地域でなくても、このアンケートは活用できる。「ショックだったことは、災害のことでもそれ以外のことでもいいです」と教示する。この災害では、転校する児童生徒がたくさんいる。被災地でない地域でも実施でき、かつ、重い反応を抱えている児童生徒を発見することも必要である。
3	担任がアンケートも参考にしながら、児童生徒と話しあえるアンケートとして構成する。そのため最後にポジティブな項目として、勉強への集中、学校生活の楽しさ、友だちとの楽しさを設定する。
4	心とからだのストレス・アンケートは3タイプ（31版［25項目＋6項目］、19版［16項目＋3項目］、5項目健康アンケート）用意する。 1）5項目健康アンケートは、学校再開直後から使えるアンケートである。睡眠、食欲、身体の痛み、イライラの項目から構成している。そして、自由記述欄に、睡眠や食事やイライラで困っていること、工夫していることのコーピングの設問をいれている。子どもたちの知恵を集めて、よい対処を子どもたちから教えてもらうように工夫している。 2）19版は、31版から各カテゴリー3項目ずつ選定した。小学生に活用できる。 3）31版は、これまでの災害・事件・自殺後の心のケアで活用してきた「心とからだのアンケート」をもとに、DSM－Vなどを参照しながら構成する。中学生・高校生で活用できる。
5	3タイプの心とからだのストレス・アンケートの項目は、同じ項目で構成する。そのため、小学生のときに回答したアンケート結果と、中学生になって回答したアンケート結果を比較することができる。長期的な支援が必要であるから、統一した「心とからだのアンケート」を実施することが必要である。 また、実施の手順としては、心のサポートを学ぶ授業として、心理教育とリラックス法を組み合わせて実施する。また、アンケート実施後は、個別相談態勢ができるようにする。

※このアンケートは統一的に実施する必要がある。そのため、個人で使用しない。使用にあたってはスクールカウンセラーに相談すること。

　台風23号後に適用したPtsr-edをもとに、UCLA PTSD Index、IES-rを参考にしながら、DSM-V（試案）も参照し、各項目内容と構成を精査していった。トラウマの3大反応である過覚醒、再体験、回避マヒと否定的認知の4つのカテゴリーと、DSM-ⅣのF基準を参考にしながら生活障害のカテゴリーを設け、かつ教師が教育相談で活用しやすいように「ポジティブ」カテゴリーを設定した。
　また「心理教育のため」であるため、因子分析によって残らないと考えられる回避喪失の項目や、反応頻度は低いが個別相談では必須の「食欲」に関する項目も盛り込むことにした。

Tab.6-2 ◆ 改訂された Ptsr-ed-trauma25 と Ptsr-ed（Ver.1）との項目内容比較表

	Ptsr-ed-trauma25		DSM 5 参考		Ptsr-ed(ver.1)台風23号適用
1	なかなか眠ることができない	6	入眠困難	S3	眠れなかったり、とちゅうで目がさめたりする
2	なにかをしようとしても集中できない	5	集中困難	S5	勉強やすきなことにしゅうちゅうできない
3	むしゃくしゃしたり、いらいらしたり、かっとしたりする	1	不機嫌攻撃	S2	むしゃくしゃしたり、いらいらしたり、かっとしたりするようになった
4	からだが緊張したり、感覚が敏感になっている	3	過覚醒	（S1	心配でおちつかない）
5	小さな音やちょっとしたことでどきっとする	4	過度驚愕	S4	ちいさな音にびくっとする
6	つらかった・ショックだったことが頭から離れない	1	侵入想起	S9	そのことが頭からはなれない
7	つらいことの夢やこわい夢をみる	2	悪夢	S6	そのことの夢やこわい夢をみる
8	夜中に目がさめて眠れない	2	悪夢	{S3	眠れなかったり、とちゅうで目がさめたりする} S8 またそんなことがおこりそうで心配だ
9	ちょっとしたきっかけで、思い出したくないのに、思い出してしまう	4	トリガー苦痛	{S10	考えるつもりはないのに、そのときのことを考えてしまう}
10	つらかった・ショックだったことを思い出して、どきどきしたり、苦しくなったりする	5	リマインダー生理反応	{S7	ふいにそのことを思い出す}
11	あのショックだったことは、現実のこと・本当のことと思えない	1	思考感情感覚回避	S12	そのことについて、よく思い出せない
12	つらい・悲しいはずなのに、涙がでない	1	思考感情感覚回避	S15	ゲームやインターネットばかりしている
13	つらかった・ショックだったことは、できるだけ考えないようにしている	1	思考感情感覚回避	{S11	そのことについて、何も考えられない}
14	つらかった・ショックだったことを、思い出させる場所や人や物には近づかない	2	活動場所回避	S14	そのことを思い出させるものや人、場所をさける
15	つらかった・ショックだったことについては、話さないようにしている	3	会話回避	S13	そのことについては、話さないようにしている

（次頁に続く）

16	自分が悪い（悪かった）と責めてしまうことがある	3	トラウマに関する自責の念	S23	自分のせいで悪いことがおこったと思う
17	だれも信用できないと思う	2	世界に関する否定	S24	だれも人は信用できないと思う
18	どんなにがんばっても意味がないと思う	2	自己に関する否定	S21	どんなにがんばっても意味がないと思う
19	楽しいはずのことが楽しいと思えない	5	活動興味減退	S16	楽しいことが楽しいと思えなくなった
20	ひとりぼっちな気がする	6	疎外感	S22	ひとりぼっちになったと思う
21	頭やお腹が痛かったり、からだの調子が悪い			S19	頭やおなかなどが痛かったり、からだのぐあいが悪い
22	食欲がない			S25	いつもおとながいっしょでないと心配だ
23	なにもやる気がしない			S18	こわくて、ひとりでいられない
24	会社（学校）に行くのがつらい			S20	学校にいきたくない
25	だれかに話をきいてもらいたい			S17	だれとも話したくない

このアンケートをして気づいたことや、いまの気持ちを書いてください。

アンケート出典：心理教育のための外傷後ストレス反応尺度（Ptsr-eds：Post Traumatic Stress Reactions for Psycho Education Scale）（冨永・高橋・小澤, 2005）改訂

　Tab.6-2がPtsr-ed ver.1との対比表である。Ptsr-ed ver.1で採用され、Ptsr-ed-trauma25で採用されなかった項目は以下のとおりである。

　・「S15 ゲームやインターネットばかりしている」は、台風23号のデータ解析で除外されたので、はじめから除外した。

　・「S8 またそんなことが起こりそうで心配だ」は、災害は頻発するため心配するのは当然の反応であるため、除外した。

　・「s25 いつもおとながいっしょでないと心配だ」、「S18 こわくて、ひとりでいられない」は発達の経過とともに変化する項目であるので、除外した。

　・「s17 だれとも話したくない」は、「誰かに話を聞いてもらいたい」と相談希求の項目に変更した。

4　いわて子どものこころのサポートチームによる「心とからだの健康観察」の作成

　岩手県教育委員会は、臨床心理士のスクールカウンセラーと岩手県総合教育センター指導主事8名で構成する「いわて子どものこころのサポートチーム（チームリーダー：三浦光子）」を2011年4月に立ち上げ、教員研修のプログラムや、こころのサポート授業案の立案を行ってきた。筆者は、「いわて子どものこころのサポートチーム」のスーパーバイザーを2011年4月6日に岩手県教育委員会から委嘱された。Ptsr-ed-trauma25をベースに、各項目の文言の精査をいわて子どもこころのサポートチームにより2011年5月から7月に行った。主要な改正点は

　1　「つらかった・ショックだったこと」を「あのこと」とし、最後に、「あのこと」と聞かれてあなたはなにを思い浮かべましたか？　1．大震災、2．そのほかのこと、3．両方、4．思い浮かばなかった、という設問を加えた。

　この質問方法であれば、被災地でなくてもチェックリストを使用できる。また、虐待やいじめで苦しんでいる児童生徒にアクセスすることもできる。なお、このアイデアは、菊池広親氏（2011年度は岩手県教育委員会学校教育室主任指導主事）によるものである。

　2　「……できない」という設問に、「ない、1〜2日ある、3〜5日ある、ほぼ毎日ある」と回答を求めると、「……ない」に「ない」と回答することが年齢の低い児童にはむずかしいので、「……ないことがある」という表記にあらためた。

　3　「ひとりぼっちな気がする」は、両親を亡くした子どもにはつらすぎる設問なので、「自分の気持ちをだれもわかってくれないと思うことがある」に変更した。

　4　「私には、何でも話せる友だちがいる」と「友だちと話すことは楽しい」を1つの項目にして「友だちと遊んだり話したりすることが楽しい」と変更した。

　Tab.6-3に、「Ptsr-ed-trauma25」と「心とからだの健康観察（31項目版）」の比較を掲載している。岩手県教育委員会は名称を「心とからだの健康観察」とし、「アンケート」という用語を用いていない。このことは、この質問紙が調査

Tab.6-3 ◆ Ptsr-ed-trauma25と「心とからだの健康観察（31項目版）」の比較

	Ptsr-ed-trauma25（31版）		心とからだの健康観察（31項目版）
1	なかなか眠ることができない	1	なかなか眠れないことがある
2	なにかをしようとしても集中できない	2	なにかをしようとしても集中できないことがある
3	むしゃくしゃしたり、いらいらしたり、かっとしたりする	3	むしゃくしゃしたり、いらいらしたり、かっとしたりする
4	からだが緊張したり、感覚が敏感になっている	4	からだが緊張したり、感覚がびんかんになっている
5	小さな音やちょっとしたことでどきっとする	5	小さな音やちょっとしたことでどきっとする
6	つらかった・ショックだったことが頭から離れない	6	あのこと（大震災やほかの大変なこと）が頭から離れない
7	つらいことの夢やこわい夢をみる	7	いやな夢やこわい夢をみる
8	夜中に目がさめて眠れない	8	夜中に目がさめて眠れないことがある
9	ちょっとしたきっかけで、思い出したくないのに、思い出してしまう	9	ちょっとしたきっかけで、思い出したくないのに、思い出してしまう
10	つらかった・ショックだったことを思い出して、どきどきしたり、苦しくなったりする	10	あのことを思い出して、どきどきしたり、苦しくなったりする
11	あのショックだったことは、現実のこと・本当のことと思えない	11	あのことは、現実のこと・本当のことと思えない
12	つらい・悲しいはずなのに、涙がでない	12	悲しいことがあったのに、どうして涙がでないのかなと思う
13	つらかった・ショックだったことは、できるだけ考えないようにしている	13	あのことは、できるだけ考えないようにしている
14	つらかった・ショックだったことを、思い出させる場所や人や物には近づかない	14	あのことを、思い出させる場所や人や物には近づかない
15	つらかった・ショックだったことについては、話さないようにしている	15	あのことについては、話さないようにしている
16	自分が悪い（悪かった）と責めてしまうことがある	16	自分が悪い（悪かった）と責めてしまうことがある
17	だれも信用できないと思う	17	だれも信用できないと思う
18	どんなにがんばっても意味がないと思う	18	どんなにがんばっても意味がないと思う

（次頁に続く）

19	楽しいはずのことが楽しいと思えない	19	楽しいはずのことが楽しいと思えない
20	ひとりぼっちな気がする	20	自分の気持ちをだれもわかってくれないと思う
21	頭やお腹が痛かったり、からだの調子が悪い	21	頭やお腹が痛かったり、からだの調子が悪い
22	食欲がない	22	ご飯がおいしくないし、食べたくないことがある
23	なにもやる気がしない	23	なにもやる気がしないことがある
		24	授業や学習に集中できないことがある
		25	カッとなってケンカしたり、乱暴になってしまうことがある
24	会社（学校）に行くのがつらい	26	学校を遅刻したり休んだりすることがある
25	だれかに話をきいてもらいたい	27	だれかに話をきいてもらいたい
26	学校では、楽しいことがいっぱいある	28	学校では、楽しいことがいっぱいある
27	授業や学習に集中できている		
28	私には今、将来の夢や目標がある	29	私には今、将来の夢や目標がある
29	ゲーム、携帯、インターネットなどはやりすぎないように気をつけている	30	ゲーム、携帯、インターネットなどはやりすぎないように気をつけている
30	私には、何でも話せる友だちがいる		
31	友だちと話すことは楽しい	31	友だちと遊んだり話したりすることが楽しい

のためのツールではなく、あくまで自分の健康を自分でチェックし、よりよい対処を考える教材として位置づけたからである。

第2節　こころのサポート授業で活用する「心とからだの健康観察（31項目版）」の妥当性・信頼性の検討

1　目的

　本節の目的は、大規模災害後の子どもの心理支援におけるクラスでできる「心とからだの健康観察（31項目版、以下31版と表記）」の妥当性と信頼性を検討する

ことである。この新たに作成した尺度の妥当性と信頼性を検討することは、長期の心理支援にあたって不可欠である。国連の災害戦争後の精神保健ガイドラインであるIASC（2007）は、災害後のスクリーニングテストについて、十分な妥当性と信頼性のあるものを用いることを推奨している。

また、作成した尺度の併存的妥当性を検討するために、海外で開発された尺度との関連を検討する。

2　方法

(1) 協力者

岩手県沿岸部の高等学校4校、岩手県内陸部の高等学校3校の生徒1,532名である。

(2) 実施期間

平成23年9月〜同年10月：実施にあたっては、筆者が一部の学校を訪問し実施状況を確認する。

(3) 心とからだの健康観察31版

岩手県教育委員会が、臨床心理士によって構成する「いわて子どものサポートチーム」によりPtsr-ed-trauma25を検討修正したものである。

(4) 併存的妥当性の検討のための尺度

併存的妥当性を検討するために、妥当性と信頼性が確認されている尺度であるK10（Kessler, RC, et al., 2002）とIES-r（Weiss & Marmar, 1997）を用いる。

(5) 倫理的配慮

本研究は、兵庫教育大学研究倫理審査委員会に申請し、承認を得た。

①対象者等の人権への配慮：調査協力は自由意志によるものであるので、参加を拒否する権利は守られていること、協力を拒否しても不利益がないことを生徒に書面で説明する。

②対象者等に不利益および危険性が生じないための配慮：調査時間は5分程

度であり、心身の疲労がないように配慮する。また、各アンケートのカットオフ点を明示し、反応得点が高くても、大規模災害であるため当然な反応であるとの心理教育のメッセージと相談することの大切さをアンケートに加える。また不快に感じた場合は途中で中断してもよいことを事前に伝える。

③対象者に理解を求め、同意を得る方法：上で述べた調査の意義と目的の説明を文書と口頭にて行う。

④「心とからだの健康観察31版」とIES-rおよびK10は個別相談態勢の下で実施することとしている。そのため、ハイスコアの生徒に対しては、担任教師、スクールカウンセラー、スクールカウンセラースーパーバイザーなどの支援態勢の下で実施する。

⑤得点に応じて肯定的なコメントを自動的に印刷する自動コメント個票シートのプログラムを作成し、1人ひとりのアンケート結果を、協力者全員にフィードバックする。

(6) 実施方法

実施にあたって、心理教育とストレスマネジメントと個別相談態勢の3つをあわせて授業やショートホームルームで分割して実施するように計画した（「こころのサポート授業2」と呼んでいる）。心理教育としては、代表的な反応カテゴリーと項目、それに対する望ましい対処法を記載した絵入りのリーフレット（「こんなとき、どうする」）を作成した。また、ストレスマネジメントとしては、2011年5～6月に、県外からの臨床心理士を学校に派遣した際に、リラクセーションなどを担任が実施できるように学んでおり、あわせて簡便なリラクセーションを実施した。また、担任による短時間の個別相談、スクールカウンセラーによる相談、スクールスーパーバイザーによる相談、子どもこころのケアセンターの医師による相談態勢を整えた。

3　結果

(1) 分析対象

1,532名中、「心とからだの健康観察31版」とK10およびIES-rの片方のみしかないデータと記入漏れのあるデータを除いた1,469名のデータを分析対象とした。

地域、学年、性別に基づいた人数をTab.6-4に示す。

(2) 31版の併存的妥当性の検討

IES-rの22項目合計得点（IES-r）と31版の過覚醒・再体験・回避の15項目の合計点（PT3s）とPT3sに否定的認知5項目の合計点を加えた20項目の合計点（PT4s）とPT4sに生活障害の項目の合計点を加えた27項目の合計点（PTT）とK10得点およびIES-r得点のピアソンの相関係数をTab.6-5に示す。

31版の下位尺度とIES-rの下位尺度およびK10との相関分析の結果をTab.6-6に示す。

(3) 31版・15項目の因子分析

トラウマ反応15項目を最尤法・プロマックス回転により、因子分析を行った。初期の固有値は、5.80、1.53、1.03、0.93、0.85、となり、3因子構造が妥当と考えられた。また、因子負荷量は、すべて0.300以上であった。

また、AMOS20による確証的因子分析を行った結果、GFI=0.933、AGFI=0.908、CFI=0.918、RMSEA=0.072であり、適合度は許容の範囲であった。

第1因子は、項目6（頭から離れない）と項目10（思い出して苦しくなったり）と項目9（思い出してしまう）の再体験と項目

Tab.6-4 ◆ 協力者の学年・性別

地域	学年	性別	人数
内陸	1	男	108
		女	145
	2	男	87
		女	155
	3	男	106
		女	141
	総和	男	301
		女	441
		総和	742
沿岸	1	男	88
		女	99
	2	男	143
		女	204
	3	男	85
		女	108
	総和	男	316
		女	411
		総和	727
総和	1	男	196
		女	244
	2	男	230
		女	359
	3	男	191
		女	249
	総和	男	617
		女	852
		総和	1,469

Tab.6-5 ◆ 31版のPT3s（15項目）とPT4s（20項目）とIES-r得点とK10得点との相関係数

	PT4s	PTT	IESR	KT
PT3s	0.972**	0.950**	0.784**	0.682**
PT4s		0.984**	0.781**	0.724**
PTT			0.772**	0.742**
IESR				0.750**

Tab.6-6 ✦ 31版下位尺度とIES-r下位尺度およびK10との相関

	31版					IES-r			K10
	再体験	回避マヒ	マイナス	生活障害	ポジティブ	過覚醒	再体験	回避マヒ	
過覚醒	0.638**	0.483**	0.688**	0.737**	-0.191**	0.719**	0.586**	0.494**	0.659**
再体験		0.642**	0.628**	0.596**	-0.129**	0.671**	0.713**	0.602**	0.595**
回避マヒ			0.546**	0.453**	-0.084**	0.523**	0.566**	0.698**	0.485**
マイナス				0.695**	-0.281**	0.637**	0.583**	0.532**	0.677**
生活障害					-0.221**	0.643**	0.569**	0.464**	0.649**
ポジティブ						-0.174**	-0.149**	-0.141**	-0.254**
過覚醒（IESR）							0.827**	0.701**	0.768**
再体験（IESR）								0.806**	0.707**
回避マヒ（IESR）									0.620**

** 相関係数は1％水準で有意（両側）です。

Tab.6-7 ✦ 15項目の因子分析結果（最尤法・プロマックス回転による）

因子名	項目番号	項目内容	F1	F2	F3
再体験マヒ（α=0.815）	P6	あのこと（災害やほかの大変なこと）が頭から離れないことがある	0.836	-0.043	-0.062
	P10	あのことを思い出して、どきどきしたり、苦しくなったりする	0.778	-0.048	0.075
	P9	ちょっとしたきっかけで、思い出したくないのに、思い出してしまう	0.758	0.056	0.016
	P11	あのことは、現実のこと・本当のことと思えないことがある	0.384	0.060	0.135
	P12	悲しいことがあったのに、どうして涙がでないのかなと思う	0.352	0.083	0.176
睡眠過覚醒（α=0.776）	P1	なかなか眠れないことがある	-0.095	0.747	0.017
	P8	夜中に目がさめて眠れないことがある	-0.155	0.699	0.038
	P2	なにかをしようとしても、集中できないことがある	0.104	0.502	0.008
	P7	いやな夢やこわい夢をみる	0.209	0.431	-0.024
	P3	むしゃくしゃしたり、いらいらしたり、かっとしたりする	0.242	0.419	-0.013
	P4	からだが緊張したり、感覚がびんかんになっている	0.228	0.381	0.014
	P5	小さな音やちょっとしたことでどきっとする	0.285	0.330	-0.079
回避（α=0.827）	P15	あのことについては話さないようにしている	-0.028	0.022	0.819
	P14	あのことを思い出させる場所や人や物には近づかないようにしている	-0.061	0.017	0.805
	P13	あのことは、できるだけ考えないようにしている	0.238	-0.054	0.653
因子間相関		I		0.645	0.657
		II			0.447

11（本当のことと思えない）と項目12（どうして涙がでないのかな）の喪失の心理教育として加えたマヒの２項目であり、「再体験マヒ」と名づけた。第２因子は、項目１（なかなか眠れない）と項目８（夜中に目がさめて眠れない）と項目７（こわい夢をみる）の睡眠に関する項目と項目２（集中できない）と項目３（いらいらしたりかっとしたりする）と項目４（感覚がびんかん）の過覚醒の項目から構成されており、「睡眠過覚醒」と名づけた。第３因子は、項目15（話さない）と項目14（近づかない）と項目13（考えない）であり、「回避」と名づけた。

　信頼性については、クローンバックのα係数により検討したが、いずれも十分な値を示した（Tab.6-7）。

(4) 31版・20項目の因子分析

　トラウマ反応15項目に否定的認知５項目を加えた20項目について最尤法・プロマックス回転により、因子分析を行った。初期の固有値は、7.17、1.64、1.01、0.88、0.75、となり、３因子構造が妥当と考えられた。また、因子負荷量の0.300以下の３項目を削除して、因子分析を行ったところ、Tab.6-8に示す結果を得た。

　また、AMOS20による確証的因子分析を行った結果、GFI=0.942、AGFI=0.924、CFI=0.945、RMSEA=0.06であり、適合度は十分な値を示した。

　第１因子は、項目17（信用できない）・項目20（わかってくれない）・項目18（がんばっても意味がない）・項目19（楽しいと思えない）・項目16（自分を責めてしまう）の否定的認知と項目３（かっとしたりする）・項目２（集中できない）・項目４（びんかんになっている）・項目１（眠れない）の過覚醒の項目から構成されており、「否定的認知過覚醒」と名づけた。第２因子は、項目６（頭から離れない）・項目９（思い出してしまう）・項目10（思い出して苦しくなったり）・項目７（こわい夢）の再体験と項目11（本当のことと思えない）マヒの１項目であり、「再体験マヒ」と名づけた。第３因子は、項目15（話さない）と項目14（近づかない）と項目13（考えない）であり「回避」と名づけた。

(5) IES-rの因子分析

　IES-rは３因子構造の尺度であるため、抽出の基準を３因子に固定してプロマ

Tab.6-8 ◆ 20項目の因子分析結果（最尤法・プロマックス回転による）

因子	項目番号	項目内容	1	2	3
否定的認知過覚醒（α=0.853）	P17	だれも信用できないと思うことがある	0.879	-0.130	0.021
	P20	自分の気持ちをだれもわかってくれないと思うことがある	0.858	-0.041	0.006
	P18	どんなにがんばっても意味がないと思うことがある	0.773	-0.042	0.019
	P19	楽しかったことが楽しいと思えないことがある	0.690	0.057	0.020
	P3	むしゃくしゃしたり、いらいらしたり、かっとしたりする	0.553	0.135	-0.030
	P2	なにかをしようとしても、集中できないことがある	0.499	0.113	-0.023
	P16	自分が悪い（悪かった）と責めてしまうことがある	0.457	0.223	0.013
	P4	からだが緊張したり、感覚がびんかんになっている	0.404	0.172	0.023
	P1	なかなか眠れないことがある	0.385	0.182	-0.029
再体験マヒ（α=0.805）	P6	あのこと（災害やほかの大変なこと）が頭から離れないことがある	-0.034	0.832	-0.055
	P9	ちょっとしたきっかけで、思い出したくないのに、思い出してしまう	0.108	0.732	0.012
	P10	あのことを思い出して、どきどきしたり、苦しくなったりする	0.029	0.701	0.097
	P7	いやな夢やこわい夢をみる	0.195	0.389	-0.048
	P11	あのことは現実のこと・本当のことと思えないことがある	0.107	0.342	0.133
回避（α=0.828）	P15	あのことについては話さないようにしている	0.003	-0.030	0.831
	P14	あのことを思い出させる場所や人や物には近づかないようにしている	0.035	-0.090	0.815
	P13	あのことは、できるだけ考えないようにしている	-0.058	0.238	0.658
		因子間相関　I		0.662	0.504
		II			0.657
削除された項目	P5	小さな音やちょっとしたことでどきっとする			
	P8	夜中に目がさめて眠れないことがある			
	P12	悲しいことがあったのに、どうして涙がでないのかなと思う			

ックス回転を行った結果がTab.6-9である。第1因子は、過覚醒の項目（10、21、15、4）と再体験の項目（2、14、19、20）と回避マヒの項目（13）であり、いずれも身体にかかわる項目であるため「身体性」因子と名づけた。第1因子には、睡眠にかかわる項目（15、2、20）が含まれている。第2因子は回避の項目で、「回避」因子と名づけた。第3因子は、項目18以外は再体験の項目で、いずれもトラウマ記憶との距離感やコントロール感の項目から構成されており、「再体験（距離）」と名づけた。

Tab.6-9 ◆ IES-rの因子分析（最尤法・プロマックス回転による）

項目番号	項目	身体性	回避	再体験（距離）
IE10	神経が敏感になっていて、ちょっとしたことでどきっとしてしまう	0.701	0.000	0.006
IE21	警戒して用心深くなっている気がする	0.700	0.143	-0.098
IE15	寝つきが悪い	0.623	-0.110	0.013
IE 2	睡眠の途中で目が覚めてしまう	0.613	-0.100	0.017
IE14	気がつくと、まるでそのときにもどってしまったかのように、ふるまったり感じたりすることがある	0.517	0.219	0.058
IE19	そのことを思い出すと、身体が反応して、汗ばんだり、息苦しくなったり、むかむかしたり、どきどきすることがある	0.478	0.055	0.297
IE20	そのことについての夢を見る	0.475	0.026	0.156
IE13	そのことについての感情はマヒしたようである	0.452	0.327	-0.108
IE 4	イライラして、怒りっぽくなっている	0.376	-0.055	0.375
IE 7	そのことは、実際に起きなかったとか、現実のことではなかったような気がする	0.273	0.104	0.143
IE12	そのことについては、まだいろいろな気持ちがあるが、それには触れないようにしている	-0.032	0.949	-0.075
IE11	そのことは考えないようにしている	-0.169	0.920	0.101
IE22	そのことについては話さないようにしている	0.125	0.714	-0.045
IE 8	そのことを思い出させるものには近よらない	-0.007	0.712	0.022
IE17	そのことを何とか忘れようとしている	0.054	0.665	0.139
IE 6	考えるつもりはないのに、そのことを考えてしまうことがある	-0.070	0.079	0.897
IE 3	別のことをしていても、そのことが頭から離れない	-0.008	-0.060	0.888
IE 1	どんなきっかけでも、そのことを思い出すと、そのときの気持ちがぶりかえしてくる	0.163	0.081	0.615
IE 5	そのことについて考えたり思い出すときは、なんとか気を落ちつかせるようにしている	-0.023	0.299	0.525
IE16	そのことについて、感情が強くこみあげてくることがある	0.382	0.056	0.439
IE18	ものごとに集中できない	0.321	-0.059	0.432
IE 9	そのときの場面が、いきなり頭にうかんでくる	0.285	0.177	0.405
因子間相関行列		1.000	0.689	0.794
		0.689	1.000	0.733
		0.794	0.733	1.000

(6) 沿岸部と内陸部のIES-rおよび31版の比較分析

　IES-r合計得点をデータとして、学校地域（沿岸部と内陸部）および想起した出来事（災害、ほかのこと、両方、浮かばない）を要因とした2要因分散分析を行った。その結果、出来事の主効果（F (3,1266) =114.41, $p<0.001$）と地域と出来事の交互作用（F (3,1266) =4.73, $p<0.01$）に有意な差が見いだされた。また、地域の主効果（F (1,1266) =36.58, $p<0.001$）に有意な差が見いだされた。下位検定の結果、大震災群において、地域の単純主効果が有意（F (1,1266) =12.12, $p<0.01$）で、ほかのこと群において、地域の単純主効果が有意（F (1,1266) =9.63, $p<0.01$）で、両方群において、地域の単純主効果が有意（F (1,1266) =23.47, $p<0.001$）で、浮かばない群において、地域の単純主効果は有意ではなかった（F (1,1266) =0.07）。

　31版の20項目の合計得点をデータとして、学校地域（沿岸部と内陸部）および想起した出来事（災害、ほかのこと、両方、浮かばない）の2要因分散分析を行った。その結果、出来事の主効果（F (3,1450) =97.09, $p<0.001$）と地域と出来事の交互作用（F (3,1450) =5.57, $p<0.01$）に有意な差が見いだされた。また、地域の主効果（F (1,1450) =27.30, $p<0.001$）に有意な差が見いだされた。下位検定の結果、ほかのこと群において、地域の単純主効果が有意（F (1,1450) =16.84, $p<0.001$）で、両方群においても有意（F (1,1450) =18.70, $p<0.001$）であった。大震災群において、地域の単純主効果が有意ではなかった（F (1,1450) =3.24）。また、浮かばない群においても有意ではなかった（F (1,1450) =0.02）。

(7) フィードバック個票について

　K10とIES-rの結果をすべての生徒へ個票としてフィードバックした。K10については合計得点とIES-rの各下位3尺度得点、睡眠、イライラについて、閾値を設けてコメント集を作成し、自動印刷プログラムにて印刷し、各学校に送付した。Fig.6-3に個票例を示した。

4　考察

(1)「心とからだの健康観察31版」の妥当性と信頼性

　心理教育のための「心とからだの健康観察31版」の併存的妥当性をIES-rに

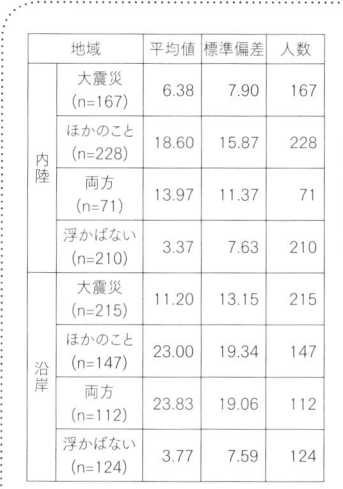

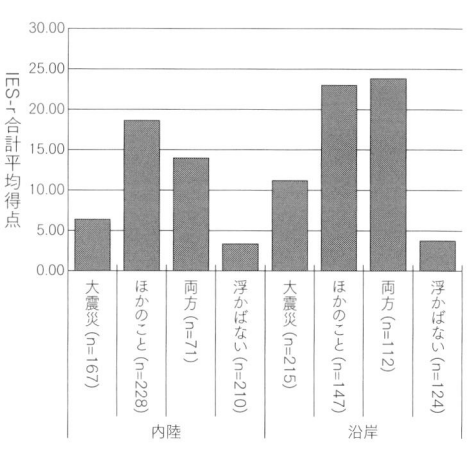

地域		平均値	標準偏差	人数
内陸	大震災 (n=167)	6.38	7.90	167
	ほかのこと (n=228)	18.60	15.87	228
	両方 (n=71)	13.97	11.37	71
	浮かばない (n=210)	3.37	7.63	210
沿岸	大震災 (n=215)	11.20	13.15	215
	ほかのこと (n=147)	23.00	19.34	147
	両方 (n=112)	23.83	19.06	112
	浮かばない (n=124)	3.77	7.59	124

Fig.6-1 ◆ 学校地域と想起した出来事のIES-r合計平均得点

地域		平均値	標準偏差	人数
内陸	大震災 (n=249)	7.16	6.41	249
	ほかのこと (n=196)	13.64	11.07	196
	両方 (n=92)	12.18	9.75	92
	浮かばない (n=201)	5.34	5.56	201
沿岸	大震災 (n=357)	8.53	8.57	357
	ほかのこと (n=129)	17.94	13.89	129
	両方 (n=118)	17.74	12.64	118
	浮かばない (n=116)	5.18	6.75	116

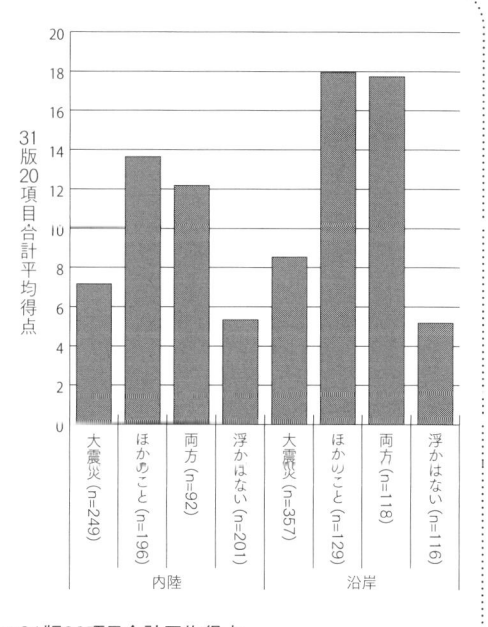

Fig.6-2 ◆ 学校地域と想起した出来事の31版20項目合計平均得点

作成：冨永良喜（兵庫教育大学）

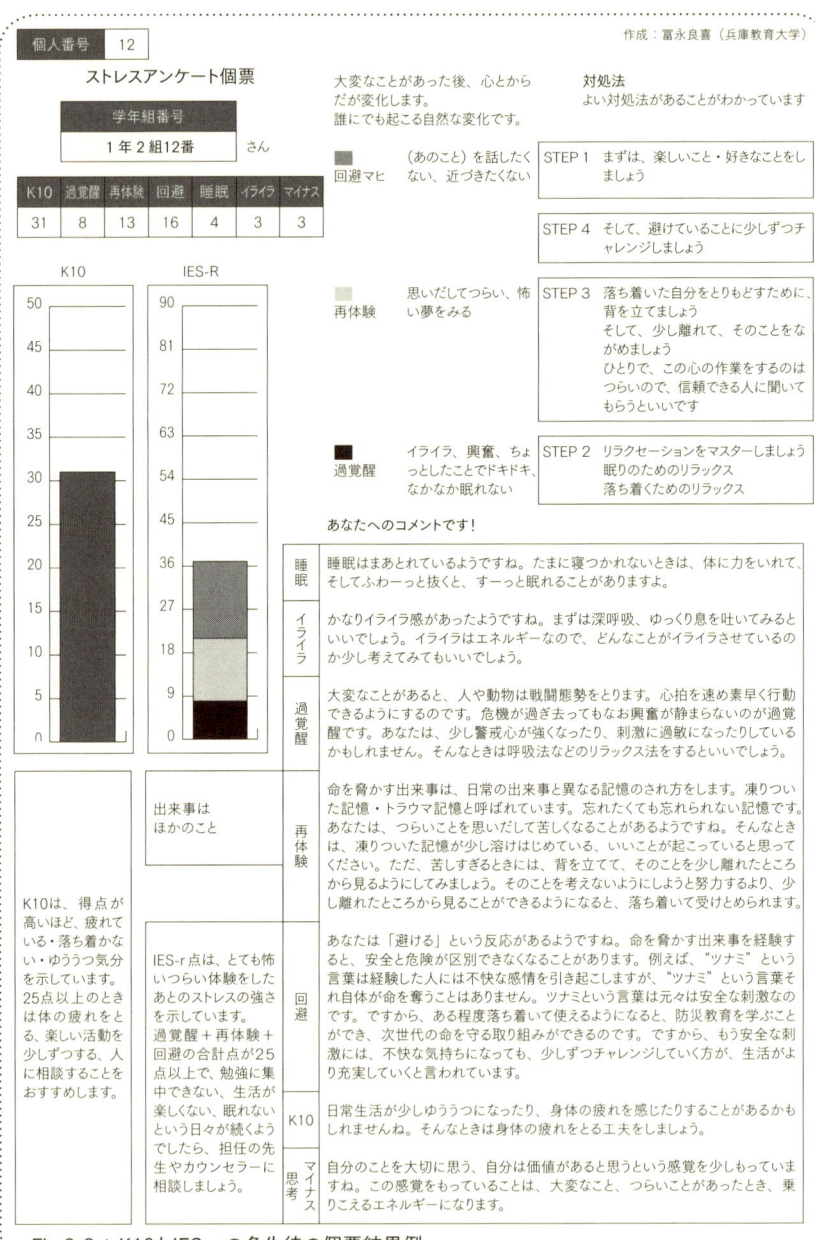

個人番号 12

ストレスアンケート個票

学年組番号
1年2組12番 さん

K10	過覚醒	再体験	回避	睡眠	イライラ	マイナス
31	8	13	16	4	3	3

大変なことがあった後、心とからだが変化します。
誰にでも起こる自然な変化です。

対処法
よい対処法があることがわかっています

■ 回避マヒ　（あのこと）を話したくない、近づきたくない

STEP 1 まずは、楽しいこと・好きなことをしましょう

STEP 4 そして、避けていることに少しずつチャレンジしましょう

■ 再体験　思いだしてつらい、怖い夢をみる

STEP 3 落ち着いた自分をとりもどすために、背を立てましょう
そして、少し離れて、そのことをながめましょう
ひとりで、この心の作業をするのはつらいので、信頼できる人に聞いてもらうといいです

■ 過覚醒　イライラ、興奮、ちょっとしたことでドキドキ、なかなか眠れない

STEP 2 リラクセーションをマスターしましょう
眠りのためのリラックス
落ち着くためのリラックス

あなたへのコメントです！

睡眠	睡眠はまあとれているようですね。たまに寝つかれないときは、体に力をいれて、そしてふわーっと抜くと、すーっと眠れることがありますよ。
イライラ	かなりイライラ感があったようですね。まずは深呼吸、ゆっくり息を吐いてみるといいでしょう。イライラはエネルギーなので、どんなことがイライラさせているのか少し考えてみてもいいでしょう。
過覚醒	大変なことがあると、人や動物は戦闘態勢をとります。心拍を速め素早く行動できるようにするのです。危機が過ぎ去ってもなお興奮が静まらないのが過覚醒です。あなたは、少し警戒心が強くなっている・刺激に過敏になったりしているかもしれません。そんなときは呼吸法などのリラックス法をするといいでしょう。
再体験	命を脅かす出来事は、日常の出来事と異なる記憶のされ方をします。凍りついた記憶・トラウマ記憶と呼ばれています。忘れたくても忘れられない記憶です。あなたは、つらいことを思いだして苦しくなることがあるようですね。そんなときは、凍りついた記憶が少し溶けはじめている、いいことが起こっていてください。ただ、苦しすぎるときには、背を立てて、そのことを少し離れたところから見るようにしてみましょう。そのことを考えないようにしようと努力するより、少し離れたところから見ることができるようになると、落ち着いて受けとめられます。
回避	あなたは「避ける」という反応があるようですね。命を脅かす出来事を経験すると、安全と危険が区別できなくなることがあります。例えば、"ツナミ"という言葉は経験した人には不快な感情を引き起こします。"ツナミ"という言葉それ自体が命を奪うことはありません。ツナミという言葉は元々は安全な刺激なのです。ですから、ある程度落ち着いて使えるようになると、防災教育を学ぶことができ、次世代の命を守る取り組みができるのです。ですから、もう安全な刺激には、不快な気持ちになっても、少しずつチャレンジしていく方が、生活がより充実していくと言われています。
K10	日常生活が少しゆううつになったり、身体の疲れを感じたりすることがあるかもしれませんね。そんなときは身体の疲れをとる工夫をしましょう。
マイナス思考	自分のことを大切に思う、自分は価値があると思うという感覚を少しもっていますね。この感覚をもっていることは、大変なこと、つらいことがあったとき、乗りこえるエネルギーになります。

K10は、得点が高いほど、疲れている・落ち着かない・ゆううつ気分を示しています。25点以上のときは体の疲れをとる、楽しい活動を少しずつする、人に相談することをおすすめします。

IES-r点は、とても怖いつらい体験をしたあとのストレスの強さを示しています。過覚醒＋再体験＋回避の合計点が25点以上で、勉強に集中できない、生活が楽しくない、眠れないという日々が続くようでしたら、担任の先生やカウンセラーに相談しましょう。

出来事は
ほかのこと

Fig.6-3 ◆ K10とIES-rの各生徒の個票結果例

よって検討した。その結果、31版のトラウマ3因子の15項目の合計得点とIES-rの合計得点との相関係数は0.784となり、強い相関を示し、併存的妥当性が確認された。また、下位尺度間の相関分析の結果は、過覚醒は0.719、再体験は0.713、回避マヒは0.698であり、弁別的妥当性が確認された。また、それらの相関係数は、他の下位尺度との相関係数よりも高く、収束的妥当性が確認された。

31版の因子妥当性について、トラウマ反応15項目では、再体験3項目と喪失の心理教育に加えたマヒ2項目が第1因子を構成した。過覚醒は睡眠にかかわる項目と第2因子を構成した。第3因子は回避の3項目であった。PTSD症状の再体験とマヒは2相性の反応（Biphasic reaction）であり、トラウマ記憶からから生じている反応である（岡野, 1995）。第3因子の回避は行動レベルの反応である。また、過覚醒は睡眠に関する項目と1つの因子を構成したが、睡眠はまさに覚醒水準の行動を反映しているため内容的に妥当と考えられる。IES-rの3因子構造の結果は、第1因子が過覚醒と睡眠に関する項目から主に構成されており、第2因子が回避の項目から、第3因子が再体験（距離）の項目から構成されており、31版の15項目の3因子構造とほぼ対応した結果を得た。

過覚醒反応は危機事態において覚醒水準をあげ、交感神経系を優位に活動させ、身体機能を最大限発揮できるようにする反応である。半年が経過して、過覚醒反応は睡眠に深く関係し、入眠困難・中途覚醒・悪夢といった反応に結びついていったと考えられる。

α係数による信頼性の検討に関しては、15項目と20項目のいずれも0.776〜0.853と十分な内的一貫性を確認した。

(2) 出来事想起内容による沿岸部と内陸部の生徒のIES-rと31版得点

IES-r得点および31版20項目得点をデータとして地域と想起した出来事の2要因分散分析の結果、想起した出来事を「両方」と回答した群において、内陸部の高校生に比べ沿岸部の高校生のIES-r得点および31版得点が有意に高かった。災害それ自体よりも災害とそのほかのことを両方想起した者にIES-r得点および31版得点が高いことは、災害トラウマ自体だけでなく、日常のトラウマやストレスが重なったときに、トラウマ反応が持続することを示唆している。災害ト

ラウマのみではなく、その後の生活ストレスや日常ストレスへの対応が重要であることが示唆された。

第3節　大規模災害後の子どものこころのサポート授業

　筆者は、災害後に必要な体験の段階モデル（冨永, 2011）に基づいた1年間の子どもの心のケアプログラムを立案した。災害後に必要な体験の段階モデルは、安全と安心の体験、ストレスマネジメント体験、心理教育、生活体験の表現、トラウマ体験の表現、回避へのチャレンジ体験、服喪追悼から構成された。

　そして、なるべく早い時期に心身のアンケートをとり、教師による個別相談とスクールカウンセラーによる個別面談につなげるという福岡モデルの心のケアシステムを取り入れながらも、早い時期の心身のアンケートは、トラウマ反応が前面にでない「睡眠・食欲・体調・イライラ」といった基本的な健康観察に絞った。また、インド洋大津波後のインドネシア・アチェでの教育実践を参考に、ストレスマネジメントと心理教育を、アンケートといっしょに実施する「心のケア授業1」を提案した。「心のケア授業1」の実施時期は、大災害であるため学校再開から1か月程度とした。また、学校再開から2～3か月後に、再体験などのトラウマ反応を含むアンケートを実施し、ハイリスクの児童生徒をスクールカウンセラーの個別面談につなげるという兵庫モデルを取り入れた「心のケア授業2」を提案した。

Tab.6-10 ◆ 筆者が立案した年間・子どもの心のケアプログラム

1　子どもの心のケアプログラムの目的
1）すべての子どもたちが自身の心とからだの変化（反応）に適切に対処できるようセフルケアの力を高める（子どもメッセージ「そうなんだ、誰にでも起っている自然な反応なんだ、イライラしたときはリラックス法をすればいいんだ……」）
2）子どもがつらい反応をひとりで抱え続けないために、教師が子どもの心の声に耳を傾け、適切なセルフケアの助言ができる体制をつくる（子どもメッセージ「勉強や部活以外の生活（睡眠、食欲、イライラなど）のことでも1人で悩まないで先生にお話ししたらいいんだ」）
3）医療につなぐ必要がある子どもをいち早く発見し、確実に医療支援を受けることができるシステムをつくる（保護者メッセージ「心のお医者さんには抵抗があったけど、この子が元気になるんだったら、お医者さんに診てもらいたい」）

（次頁に続く）

2　子どもの心のケアプログラムの方法

1）心のケア授業1

第1段階　心のケアプログラム、学校再開〜1か月

（1）目的
　①睡眠・食欲などの健康について考え、良い対処をだしあう。
　②友だち・先生との絆を深める。
（2）時期：学校再開から1週間たってからの方がよい。
（3）実施時期：内陸部は4月中、沿岸部は5月連休あけ（時期は教師・スクールカウンセラーの判断で決定）。
（4）健康アンケート
睡眠（入眠困難、中途覚醒）、体調不良、食欲不振、イライラの5項目とし、3つの自由記述欄を設けた。
つぎに、いくつかの質問に答えてください。あとで、**4人のグループで話し合います。**
　①好きなこと、ほっとすること、楽しいことはなんですか？
　②眠れないとき、イライラしたとき、どんな工夫をしていますか？
　③楽しみにしていることがあれば、書いてください。
（5）体験活動
被災の厳しい地域は、からだほぐし、ストレッチ、お互いのマッサージ、リラックス法などをたくさんして、グループの話し合いを少なくする方がいいかもしれません。
机をうしろにして、椅子だけで、4人のグループを作りやすいようにする。
右は男子、左は女子とした方がいい。後で同性同士のペアになれるようにする。
もし、男子、女子が奇数であれば、担任がはいる、ないし他の教員に応援にきてもらう。ペアのとき、子どもがひとりぼっちにならないようにする。
　①リラックス体験
　　ア：からだほぐし：a．背伸び：はい、両腕を組んで、前に突き出しましょう。右に、左に、ゆっくりと動かして。
　　じゃあ、背伸びをしましょう。そして、力をぬいて。
　　イ：休むこととがんばること：b．肩上げ：はい、肩をいっぱいに上げて、はい、ストンと力をぬいて。
　　がんばるときはがんばり、休むときは休みましょう。
　　※眠れないとき、体全体にぎゅーっと力をいれて、ふわーっとぬくと、眠りやすいです。
　　※背を立てて、お腹に手をあてて、息を大きく吸って、ゆーくり吐いていくとイライラが小さくなります。
　②絆を深める体験
　　絆のワークを実施：お互いねぎらうことが大切。もし子どもが泣きだしたら、「涙はとっても大切です」「みんなで支え合い、大変なことを乗りこえていきましょう」と。あたたかく、ほほえましいことが大切です。上手にしていることを最大限にほめてください。

2）担任による個別面談

教室のうしろに机1つと椅子2つを設け、他の児童生徒は自学自習し、ひとり5分でいいので、2〜3時間かけて、全員の児童生徒と面談する。面談のポイントは、①大変なことがあったのだから、だれもが心とからだが変化して当然だよ。②いつでも先生に相談してね。②少しずつ眠れるようになるよ。食べれるようになるよ。体調もだんだんよくなるよ。

3）スクールカウンセラーによる個別面談

重い反応を抱え、もっと話をしたいという児童生徒に、家族を亡くした子どもには、本人がカウンセリングを求めないかぎり、担任が無理に勧めるべきでない。
医療につなげるケースは、しっかりと医療につなげ、教師とともに支えましょう。

（次頁に続く）

	1）心のケア授業2
第2段階　心のケアプログラム、学校再開から2〜3か月	（1）目的 　①過覚醒・再体験・回避・自責への有効な対処を学ぶ。 　②友だち・先生との絆を深める。 （2）時期：学校再開から2〜3か月 （3）実施時期：内陸部は4月中、沿岸部は5月連休あけ（時期は教師・スクールカウンセラーの判断で決定）。 （4）19版（小学校）・31版（中・高校）アンケート。災害がどのような心身反応を引き起こし、どう対処したらいいかを学ぶ。 （5）絆を深める体験（椅子だけに） 　①ペアリラクセーションか絆のワークを実施（担任教師が工夫する）。 　②学習に集中する方法を話し合う。ボランティアへの思いをだしあう。 （6）まとめのメッセージ （7）心の授業の感想を書く。
	2）担任による個別面談とスクールカウンセラーによる個別面談
	段階1と同様に、担任による全員との個別面談と重い反応を抱えている子どもへのカウンセラーによる個別面談を実施する。
第3段階　心のサポートプログラム	震災にともなう体験の表現活動や追悼の会・アニバーサリー反応の心理教育・追悼に向き合う・語り継ぐ体験

　この提案を受けて、2011年4月21日、岩手県教育委員会学校教育室田村忠課長から以下のメールが届いた。「先生から提供いただいておりました「心のケアプログラム」ですが、これから10年先までを見据え、組織的・継続的なこころの支援体制を整備する観点から、「心」⇒「こころ」、「ケア」⇒「サポート」、「健康アンケート」⇒「こころとからだの健康観察」など、一部表現を変え、県内に周知したいと考えています」と変更点についての連絡があった。「心のケア」は医療のイメージが強いため、教育の独自性を明確にするために「こころのサポート」と表記し、「アンケート」は調査のイメージが強いため「こころとからだの健康観察」としたいとのことであった。あわせて、文部科学省緊急スクールカウンセラー派遣事業が連休明けの5月9日から実施の予定であることが記されていた。

　そして、6週間の文部科学省緊急スクールカウンセラー派遣事業にあわせて、「こころのサポート授業1」を沿岸部での小中高等学校で提案した。それは、学校再開からほぼ1か月の前後にあたり、大災害からは約2か月から3か月後で

あった。授業としての提案により、リラクセーションと絆を深める体験活動が実施され、子どもの安心感とストレスマネジメント体験を育成した。

　一方、「こころのサポート授業2」の実施は、筆者が当初提案した時期よりも、2～3か月遅くなった。それは、全県下での実施のための準備期間が必要、未曾有の大災害、夏季休暇がはいる、といった要因であった。そして、「こころのサポート授業2」は、災害から半年後に、トラウマの心理教育とストレスマネジメントとトラウマ・ストレスアンケートが実施され、その後、教師とカウンセラーによる個別カウンセリングが行われた。「こころのサポート授業3」では、災害から11か月後に、「一年間を振り返る」というテーマでの作文活動が実施された。

1　いわて子どものこころのサポートプログラム

　いわて子どものこころのサポートチームは、災害後に必要な体験の段階モデル（冨永, 2011）を参考にしながら、「いわて子どものこころのサポートプログラム」を立案した。チームメンバーが講師となり岩手県各地でこころのサポート教員研修会を行った。そのプログラムの骨子は、子どもの傍にいる教師や保護者が適切なかかわりをすることで、ほとんどのトラウマ反応を収束することができ、避難所や仮設住宅に居住するといった生活ストレスへも有効に対処できると仮説し、その具体的な方法として「こころのサポート授業」を位置づけた。こころのサポート授業案は、筆者が委員長を務める日本心理臨床学会・支援活動委員会にて素案が検討され、岩手県総合教育センターのホームページ「いわて子どものこころのサポートプログラム」として順次掲載していった。4月中旬に実施された教師研修では、岩手県教育委員会の方針とこころのサポートチームからの講義・リラクセーションなどの実技・質疑応答から構成した。沿岸部の教師研修会では、リラクセーション実技によって、こわばった表情が一気に弛んだ。質疑応答では、「（高校生が）眠ろうとすると遺体が目に浮かんで眠れないと言っているがどうすればいいか」「国語の教科書に、鳥が襲われて亡くなるとの物語があるが、この時期に取り上げるのはつらいがどうすればいいか」「行方不明の友だちのことをどう伝えればいいか」「3校が1つの校舎で学ぶことになったが、阪神淡路大震災のときどうしたか教えてほしい」と教師から次々

```
岩手県教育委員会作成：一部文言追加
```

いわて子どものこころサポート（年間の見通し）

- 研修会1（急性期） ⇒ ①子どもの心の理解とサポート / ②児童生徒との接し方 / ③今後の見通し
- こころのサポート授業1
- 心理教育 ストレスマネジメント
- こころのサポート授業1.5

（上記3つ＝こころのサポート授業）⇒ 「教師」と「専門家（臨床心理士）」との協同による、児童生徒および保護者等への支援

- カウンセリングルーム（仮称）の開設　6月〜3月 ⇒ 定期的な相談場所の確保 / トラウマ反応の理解とその対処法
- 研修会2（中期1）8月 ⇒ こころのサポート授業2
- 継続的な指導・観察 ⇒ 災害を語り継ぐ防災教育へ
- 研修会3（中期2）1月 ⇒ 回避へのチャレンジ
- 継続的な指導・観察 ⇒ 服喪追悼／悲しみに向き合い……

（左側：相談電話の開設（児童生徒・保護者用と教員・SC用））

Fig.6-4 ◆ いわて子どものこころのサポート（年間の見通し）

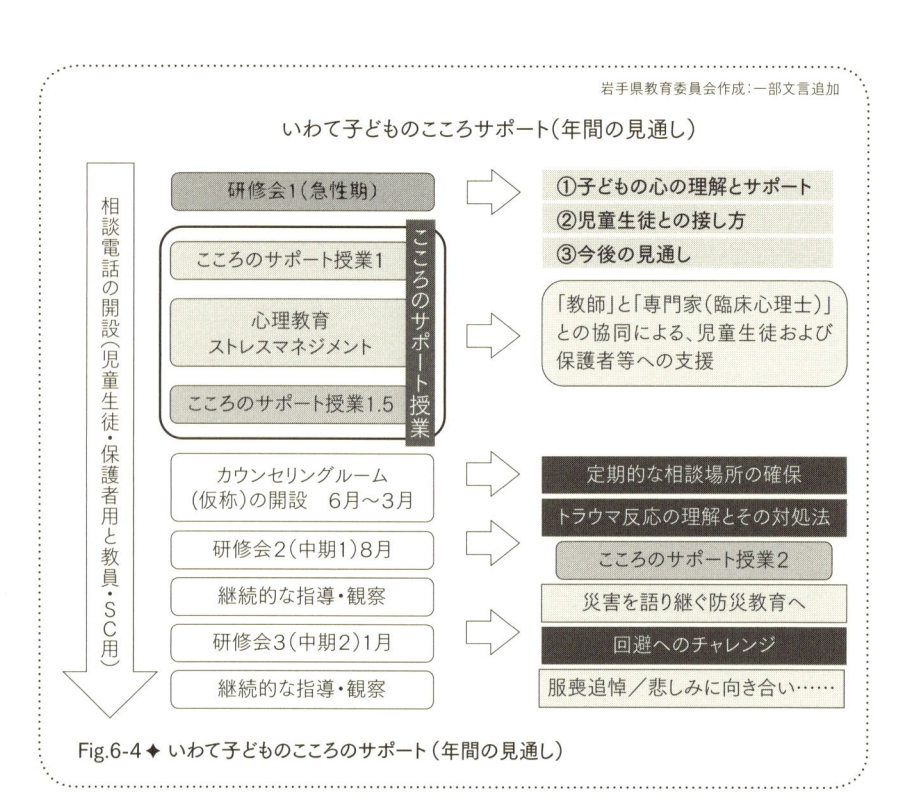

に質問がだされた。

大災害から約2か月から3か月を第1期、半年後を第2期、10か月から1年後を第3期として、それぞれ「こころのサポート授業1・2・3」とした。

2　「こころのサポート授業1」

2011年3月11日に災害が発生し、沿岸部の学校は4月20日ごろ1学期がはじまり学校が再開された。5月9日から6週間、文部科学省緊急スクールカウンセラー等派遣事業により、岩手県沿岸部には30道府県および3大学から、1週間あたり58人延べ348人が派遣された。

「こころのサポート授業1」は、5項目の健康アンケート、イライラしたとき眠れないときの対処法、リラクセーション実技、絆のワークというストレスマネジメントより構成された（山中・冨永, 2000：冨永, 2009）。健康アンケートの

5項目は、「1. なかなか眠ることができない、2. むしゃくしゃしたり、いらいらしたり、かっとしたりする、3. 夜中に目がさめて眠れない、4. 頭やお腹が痛かったり、からだの調子が悪い、5. ごはんがおいしくないし、食べたくない」とした。この健康アンケートの項目には「怖い夢をみる」、「思い出したくないのに思い出す」といった再体験反応を尋ねる項目は入れなかった。しかし「なかなか眠ることができない」は過覚醒反応であり、「夜中に目がさめて眠れない」は再体験反応であるため、侵襲性が低くかつ個別相談では睡眠を手がかりにトラウマ反応についても尋ねることができる項目として設定した。この時期は生活の回復が第一であり、また、再体験や回避マヒといった心理現象を知的に理解する段階にはないと考えた。そのため、イライラしたとき、眠れないときの工夫や対処についてグループで話し合い、背伸びや肩上げなどのリラクセーション法を提案した。また、思いやりの気持ちを両手に込めて相手の肩に手を置き、絆を感じあう「絆のワーク」も提案した。

　被災状況の差異により、さまざまな経緯をたどったが、沿岸部の学校では81％の学校が「こころのサポート授業1」を実施した。実施した学校での評価は、児童生徒も教師も「やってよかった」との報告が多かった。しかし、ストレスマネジメントを柱に構成されている「こころのサポート授業1」の学習指導要領の位置づけが、小学校高学年の体育の「ストレスへの対応」と中学校・保健体育の「ストレスへの対処」にしかなく、時間数が限られているため、「新しい授業」の実施には当初学校や教師に抵抗感がみられた。しかし、派遣スクールカウンセラーがリラクセーション技法を担当し担任と共同で授業を実施することで、この授業は広がっていった。ある学校ではその後家庭科で微細な手の動きを求められる前後や運動の前後にリラックス法を取り入れていったことが報告されている。また、派遣スクールカウンセラー事業に対し沿岸部の学校の97％が「よかった」と評価した。派遣学校支援カウンセラーへのインターネット・アンケート調査でも、学校の受け入れ度は、困惑から歓迎へと週を追うごとに変化していった。

　多くの派遣チームは、6週間活動するメンバーの特技などを掲載したリーフレットを作成し、また週末には引き継ぎの会議を開くことで、担当校の負担を極力なくす努力をした。また、5項目の健康アンケートは、学校支援カウンセ

ラーが教師にコンサルテーションをする際の貴重な情報源となった。発災から2〜3か月の時期に、睡眠・イライラ・食欲不振・体調についてのアンケートを実施し、トラウマ反応の項目を入れなかったことは、教師にも大変好評であった。

3 「こころのサポート授業2」

「こころのサポート授業2」は、トラウマ反応を含む自らの心身反応をチェックし、望ましい対処を実践するための「心とからだの健康観察」（小学生には19項目版、中高校生には31項目版）を中心に、心理教育のリーフレット（ユニセフによる印刷）とリラクセーションなどを組み合わせて実施した。「心とからだの健康観察」は、過覚醒・再体験・回避マヒ・マイナス思考・生活障害・ポジティブ認知の6つの下位尺度より構成した。児童生徒が自身の反応を理解しやすいように、カテゴリーごとに項目を並べた。「心とからだの健康観察」は、その後の個別相談に活用された。実施時期は発災から約半年後の9月から10月に各学校の状況に応じて実施された。

夏季休暇中にこころのサポートチームによる研修会が各地で開催され、「こころのサポート授業2」の目的と実施方法の研修が行われた。9月から10月の間に、各学校が「こころのサポート授業2」を実施した。沿岸部の学校への調査により、継続してかかわる臨床心理士の要望が強かったことから、沿岸部のスクールカウンセラー（臨床心理士資格をもったものは数人）に加えて、巡回型スクールカウンセラーを全国から募集し、陸前高田、大船渡、釜石・大槌、山田・宮古に9月から1名ずつ配置し、12月から県北に1名が追加配置された。巡回型スクールカウンセラーとスクールカウンセラーの助言を受けながら、「こころのサポート授業2」が実施された。

なお「心とからだの健康観察」は岩手県教育委員会でデータ管理されており、12月にサポートを要する児童生徒数が沿岸部と内陸部に分けて公表されたが、被災状況との関連など詳細な分析結果は今後の課題である。

4 「こころのサポート授業3」

「こころのサポート授業3」は、震災にともなう体験の表現活動である。岩手

県教育委員会の当初のプログラムには、こころのサポート授業として位置づけていなかった。しかし、沿岸部で被災の厳しい地域の学校から「あれほどのことがあり、なにもなかったかのように3.11を迎えることはできない」との声が自発的にあがり、「被災にともなう体験の表現活動、特に作文活動を実施したいが、どのように行えばいいか」と２学期の後半から、多くの学校が巡回型スクールカウンセラーに相次いで問い合わせをしてくるようになった。大船渡の小学校では、1960年のチリ地震津波で児童が犠牲になり、そのときに作成された「黒い海」という文集を毎年学校内の津波防災教育で活用していたこともあり、語り継ぐ防災教育につなげたいという強い思いもあった。また、７月末に、「１学期を振り返って」というテーマでの作文活動により、あの日の体験を書いた児童生徒が多かったことから、日常の中で、無理なく、被災体験を話題にできるようになったと振り返る教師もいた。さらに、「こころのサポート授業２」での心とからだの健康観察チェックリストを介しての個別相談で、児童が被災体験を担任教師に語ったことから、３学期の作文活動の提案が二次被害を与えるのではなく、意味ある活動になりうると予測した教員もいた。このように、日常の表現活動の延長線上に、「こころのサポート授業３」が自然発生的に教員集団から提案されていったと考えられる。

　ただし、震災体験のみに焦点化するのではなく、あの日からがんばってきたこと、支援による感謝の気持ちなども含め、「この１年を振り返って」というテーマで取り組むこと、強制はしないこと、最近がんばっていることなど震災以外のテーマでもいいこと、作文活動の意味を事前に子どもだけでなく保護者にも伝えること、午前中に活動を行うと午後フォローができるので望ましい、活動中にカウンセラーも対応できる態勢をとる、などの要点を巡回型スクールカウンセラーやスーパーバイザーが助言した。ある学校では、事前に、１年を振り返る意義を校長・担任が伝えた。悲しみ・苦しみを心に閉じ込め続けることは心の健康によいことではないことを伝え、向き合うことはつらいが、さまざまな思いを表現し分かち合うことが大切だとメッセージを送った。作文活動の前日には、つらかったこと・かなしかったことだけでなく、うれしかったことも含めた構成メモを書く時間をとるなど、表現活動がていねいに行われていった。これは２月に実施された。この活動は国語と学活で行われた。

「こころのサポート授業3」は、すべての沿岸部の学校で行われてはいないが、実施した学校の教師は「やってよかった」と感想を述べている。児童生徒の作文や絵はこれから公表されていくであろうが、どのような過程を経て、教師とのどのような関係性の中で表現されていったかという視点が、心のケアや心の健康教育のあり方にとって重要である。

5　考察

ストレスマネジメントを内容としたこころのサポート授業は、わが国では保健体育に位置づけられている。しかし、小学校中学年・低学年では学習指導要領に位置づけられておらず、また中学校では体育教師しか授業ができない。教師はリラクセーションなどの心理学的技法に習熟していない。しかし、「こころのサポート授業1」では、担任と派遣学校支援カウンセラーと共同で実施でき、児童生徒の授業の感想がよかったこともあり、沿岸部の81%の学校で「こころのサポート授業1」が実施された。

災害後は"地震・津波"といった言葉を聞くこと、話すことも苦痛になる。これは、そのようなトリガーに触れるとつらかったことを思い出し苦しくなる、といった再体験反応を引き起こすからである。また、子どもは津波ごっこや地震ごっこで、この再体験反応を表出する。再体験反応が回復の一歩であることを知り、回避するよりも心身反応をコントロールする方法を身につけ、つらかったことに距離を置いて向き合う方が自己回復するという知識を伝えることが必要である。そして、急性期には、過覚醒反応により感情をコントロールしづらくなるため、災害体験の表現を強いることは強い再体験反応を引き起こす。そのため急性期にはリラクセーションを身につけ感情をコントロールできる自信を培う。一方で、自責感を抱きながら災害体験を心に閉じ込め続けることはストレス障害のリスク因子なので、中長期には災害体験の表現活動が重要になる。この災害後に必要な段階モデルに基づいた、ないしはそのモデルと一致した活動が岩手県沿岸部での被災地で取り組まれてきた。

「こころのサポート授業2」で行った「心とからだの健康観察」がデータ処理に期間を要し、学校にすぐに還元されず個別相談での活用が遅くなってしまったという学校があったことは今後の課題である。また、子どもを支える保護者

への心理教育やストレスマネジメントの伝達が1年目は十分にできなかった。地域復興の遅れや長引く仮設住宅での生活による保護者や子どもの日常ストレスに、どのように対処していくかが今後の課題である。兵庫県教育委員会（2005）は、個別に配慮を要する児童生徒数を毎年報告した。震災トラウマにより配慮を要する児童生徒数は毎年減っていったが、家庭経済や家族の不仲などによる二次的被害により個別を要する児童生徒は増えていった。そのため地域の経済復興状況が子どもの心に大きな影響を及ぼすことが予想される。希望を抱き成長する存在としての子どもを育み、支援するために長期の支援が必要である。

　中国は、2003年に不登校とインターネット依存に対応するため「道徳」とは独立して「心理健康教育」を科目として設立した。2008年5月の四川大地震を受け、その年の9月に四川省教育部は、週に1コマ「心理健康教育」を必須とすると通達をだした。文部科学省は、中国のように「心の健康教育」を科目として立ち上げるか、少なくとも「心の健康」に関する系統だったプログラムを提案する必要がある。すぐにできる教育政策として、総合的な学習の時間の例示として、「健康教育・心のケア、防災教育」を掲げることができる。子どもの心の健康教育の充実を図るための教育政策が望まれる。

第 7 章
災害・事件後の子どもの心理支援システム構築の考察

　「災害・事件後に必要な体験の段階モデル」は、時系列的にモデル化したものであり、「回復と成長のための体験のトライアングル」は主要な 3 つの体験の関連性をモデル化したものである。加えて、人的資源を考慮してモデル化したものが、「教師とカウンセラー協働による災害・事件後 3 段階心理支援モデル」(PSCC-Japan) である。3 つのモデルを総称して「災害・事件後の 3 段階心理支援モデル」と呼び、災害・事件後の子どもの心理支援システムの構築に関して、西欧のモデルとの比較、災害と事件の共通点と相違点について考察する。次に、災害・事件後の心理支援の方法の 1 つである心理アセスメントツールについて考察する。

第 1 節　災害・事件後の 3 段階心理支援モデルについて

1　災害・事件後の 3 段階心理支援モデルとは

(1) 段階 1（直後期・急性期）は日常性の回復と生活支援が基本

　災害の急性期（3 か月）、事件の直後期（翌週〜 2 週間）では、日常性を取り戻すことに全力をあげる。特に直後は、災害であれば、安否確認と食べ物や水分の補給、寒暖に対する対処が中心となる。この時期は「心のケア」を前面にださない。災害であれば「心のケアチーム」という看板は好まれない。被災者にとって必要な体験は、食や睡眠など身体の安全である。そのため生活支援が基本になる。2013 年 4 月に発生した雅安地震では、中国科学院心理研究所は数日後に心理援助チームを派遣したが、日用品や文具を提供する基金団体と連携して、生活物資を配る中で心理援助のニーズを聴き取っていった。避難生活から

1か月頃から、からだを温める足湯やからだをほぐすリラックス動作法、避難所にいる子どもには子ども遊び隊などを提供する。

　この時期、学校再開の準備期でもあり、教師研修会を行う。そこで、どのような研修を行うか、長期的にどのような心のサポートプログラムを提案するかが、長期支援において極めて重要になる。つまり、災害から1か月の間に、被災県教育委員会は、長期的支援を視野にいれた心のサポートプログラムを策定しておく必要がある。もし、個別に配慮を要する児童生徒を教育委員会が把握したいから、トラウマ・ストレスのアンケートを、学校再開後、2週間に1度、何回も実施するという方針を立てたとすれば、それは子どもに二次被害を与えるプログラムとなる。一方で、心のサポートなど特別なことはしない方がいい、ただ毎日教師がそばにいて学習活動を行うことこそ心のケアだ、という考え方がある。子どもたちは、学習にスポーツにがんばる。家庭でつらいことがあっても、夜なかなか眠れなくても、こわい夢をみていても、気持ちを押し込めてがんばり続ける。急性期を過ぎるころから、学校は落ち着かなくなる。保健室に行く子どもが増える。閉じ込められた悲しみや怒りが行動化や身体化をもたらすからである。東南海トラフ地震が想定されている地域では、特に、県教育委員会は教師とスクールカウンセラーや医師のチームを事前に作って、10年後、20年後を見据えた心のサポートプログラムを策定しておくとよい。

　事件で級友が亡くなるという出来事を経験していれば、葬儀の参列や喪の作業が重要になる。小学生殺害事件では、学校長がクラスメイトや親友に、一言でいいのでメッセージを書くことを担任に勧め、ご遺族に手向けた。そのようなメッセージは後にご遺族の生きる力になっていく。事件直後に派遣された市の相談センターの相談員は、給食をともにして、子どもと自然にかかわっていった。

　災害・事件の直後期（急性期）には、日常の健康観察に留め、チェックリストを活用したとしても項目数も5〜8項目とする。喪のメッセージや異常事態での正常な反応という心理教育のメッセージは簡潔なものにする。ただし、急性ストレス反応を示している子どもや誰かに話を聴いてもらいたい子どもへの個別相談態勢は整えておく。スクールカウンセラーは子どもへの個別の直接支援よりも、教師や保護者に、心のサポート授業・研修会などを教師と共同で行い、望ましいかかわり方についての情報提供を行う。

災害であれば、授業が再開され、日常が戻ってくるとともに、眠れないときイライラしたときの対処法をグループで話しあい、眠りのためのリラックス法を体験する。1か月後に行われた岩手県沿岸部での教師研修では、眠りのためのリラックス法や絆のワークが好評であった。それまでの教師たちの硬い表情が一変した。しかし、そのような事前研修会は、各校1名の教師の参加である。各担任がクラスで実施するためには、6週間の緊急派遣スクールカウンセラーが中心となり、「こころのサポート授業1」を実施していった。

(2) 段階2はトラウマ・ストレスの心理教育とストレスマネジメント体験を

段階2は、事件であれば3週間後くらい、大災害であれば半年ごろである。その時期には、トラウマ・ストレスについて学び、セルフケアのために「心とからだの健康観察19版・31版」のチェックリストを活用する。リラックス法などのストレスマネジメント技法を体験する。教師による個別相談だけでなく、スクールカウンセラーによる個別相談も積極的に行う。段階1と段階2で活用するチェックリストの項目および小学生と中高校生には、Tab.7-1に示したように同じ項目を用いる。これは、同じ子どもが、急性期に、どのようなチェックをしていたかを比較でき、また、小学生のときに行ったチェックリストの項目は、中学生で行うチェックリストにすべて含まれているため、小学生のころはどのようにチェックしていたかを比較できる。

この時期から、回避の意味と対処を発達年齢に応じた言葉で、どのように伝えるかが課題となる。小学生高学年から、Fig.7-1のスライドを使って、「"つなみという言葉"、"体験を語ること"、"作文を書くこと"は、つらいことを思いだしてドキドキしたり苦しくなったりします。でも、それらは安全なのです。少しずつチャレンジして、ドヤドヤが小さくなることを観察しましょう」と説明している。これは、後に述べる防災教育と心のサポートを一体的に進めることの鍵概念でもある。

渡部（2012）は、小学生にドラえもんを用いてトラウマの仕組みを子どもたちに伝えている。「ドラえもんが嫌いなのは？」と子どもたちに尋ねると、小学1年生の子どもでもほぼ全員「ネズミ！」と答える。ネズミに耳をかじられての過覚醒や回避反応をわかりやすく説明している。

Tab.7-1 ◆ 急性期と中長期における心とからだの健康観察

急性期における健康観察	中長期における心とからだの健康観察（小学生）	中長期における心とからだの健康観察（中・高校生・大人）
なかなか眠れないことがある	なかなか眠れないことがある	なかなか眠れないことがある
	なにかをしようとしても、集中できないことがある	なにかをしようとしても、集中できないことがある
むしゃくしゃしたり、いらいらしたり、かっとしたりする	むしゃくしゃしたり、いらいらしたり、かっとしたりする	むしゃくしゃしたり、いらいらしたり、かっとしたりする
		からだが緊張したり、感覚がびんかんになっている
		小さな音やちょっとしたことでどきっとする
		あのこと（災害やほかの大変なこと）が頭から離れないことがある
	いやな夢やこわい夢をみる	いやな夢やこわい夢をみる
夜中に目がさめて眠れないことがある		夜中に目がさめて眠れないことがある
	ちょっとしたきっかけで、思い出したくないのに、思い出してしまう	ちょっとしたきっかけで、思い出したくないのに、思い出してしまう
	あのことを思い出して、どきどきしたり、苦しくなったりする	あのことを思い出して、どきどきしたり、苦しくなったりする
	あのことは、現実のこと・本当のことと思えないことがある	あのことは、現実のこと・本当のことと思えないことがある
	悲しいことがあったのに、どうして涙がでないのかなと思う	悲しいことがあったのに、どうして涙がでないのかなと思う
		あのことは、できるだけ考えないようにしている
		あのことを思い出させる場所や人や物には近づかないようにしている

（次頁に続く）

	あのことについては、話さないようにしている	あのことについては、話さないようにしている
	自分が悪い（悪かった）と責めてしまうことがある	自分が悪い（悪かった）と責めてしまうことがある
		だれも信用できないと思うことがある
		どんなにがんばっても意味がないと思うことがある
	以前は楽しかったことが楽しいと思えないことがある	以前は楽しかったことが楽しいと思えないことがある
	自分の気持ちをだれもわかってくれないと思うことがある	自分の気持ちをだれもわかってくれないと思うことがある
頭やお腹が痛かったり、からだの調子が悪い	頭やお腹が痛かったり、からだの調子が悪い	頭やお腹が痛かったり、からだの調子が悪い
ご飯がおいしくないし、食べたくないことがある	ご飯がおいしくないし、食べたくないことがある	ご飯がおいしくないし、食べたくないことがある
	なにもやる気がしないことがある	なにもやる気がしないことがある
	授業や学習に集中できないことがある	授業や学習に集中できないことがある
		カッとなってケンカしたり、乱暴になってしまうことがある
	学校を遅刻したり休んだりすることがある	学校を遅刻したり休んだりすることがある
		だれかに話をきいてもらいたい
	学校では、楽しいことがいっぱいある	学校では、楽しいことがいっぱいある
	私には今、将来の夢や目標がある	私には今、将来の夢や目標がある
	ゲーム、携帯、インターネッなどはやりすぎないように気をつけている	ゲーム、携帯、インターネッなどはやりすぎないように気をつけている
	友だちと遊んだり話したりすることが楽しい	友だちと遊んだり話したりすることが楽しい

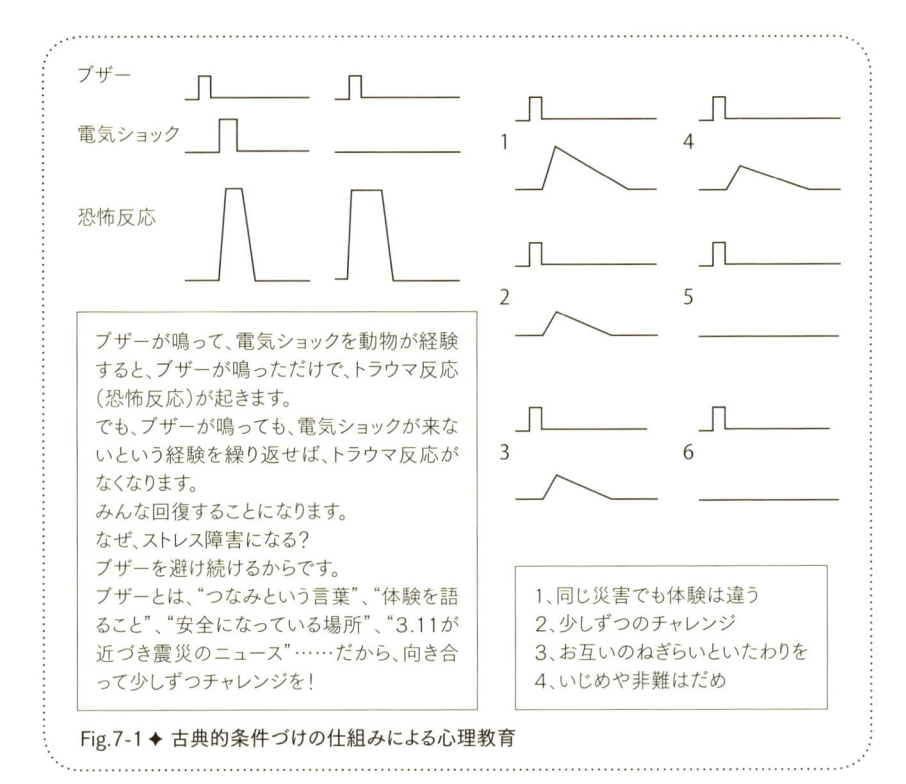

```
ブザー           ┌┐      ┌┐                ┌┐         ┌┐
                                        1            4
電気ショック        ┌┐      ┌┐                  ╱╲          ╱╲
                                         ╱  ╲        ╱  ╲
恐怖反応          ┌─┐    ┌─┐              ┌┐         ┌┐
                                        2            5
                                          ╱╲
```

ブザーが鳴って、電気ショックを動物が経験すると、ブザーが鳴っただけで、トラウマ反応（恐怖反応）が起きます。
でも、ブザーが鳴っても、電気ショックが来ないという経験を繰り返せば、トラウマ反応がなくなります。
みんな回復することになります。
なぜ、ストレス障害になる？
ブザーを避け続けるからです。
ブザーとは、"つなみという言葉"、"体験を語ること"、"安全になっている場所"、"3.11が近づき震災のニュース"……だから、向き合って少しずつチャレンジを！

1、同じ災害でも体験は違う
2、少しずつのチャレンジ
3、お互いのねぎらいといたわりを
4、いじめや非難はだめ

Fig.7-1 ◆ 古典的条件づけの仕組みによる心理教育

(3) 段階 3 は被災体験にともなう体験の表現と服喪追悼

　段階3は、大災害であればメモリアルが近づいた1～2か月前、アニバーサリー反応について学び、1年（2年、3年、……）を振り返る作文活動などの表現活動を行う。そして大災害から3年、5年と経過していく中で語り継ぐ会を行う。小島（2013）は、3歳のときに阪神淡路大震災で父を亡くし、自身も倒壊した家屋に閉じ込められた。小学生低学年まで、トイレにひとりで行けない、ひとりで寝られない、せまい部屋がこわい、思ってもみないときに恐怖が蘇る、小さな揺れでも怖いといったトラウマ反応を抱えていた。親を亡くした友だちに自分の思いを話せるようになり、そして震災から9年後の小学6年生の学校での追悼の会ではじめて自分の体験をみんなの前で語った。その後環境防災科のある高校に進学し、自分の体験を語り続けている。JICA四川大地震こころの

ケア人材育成プロジェクトの訪日研修会で、中国の教師は「彼女のような人を育てたい」と感想を述べた。

　阪神淡路大震災でも追悼の会を毎年行った学校は多くはない。それは「思い出させて子どもにつらい思いをさせたくない」という考えのようだ。しかし、つらい経験に向き合うことも大切であり、つらい思いを抱える1人ひとりに個別のケアを行いながら、亡くなった人を偲び、災害に強いまちづくり人づくりをすすめてほしい。

　事件で級友を亡くした場合は、亡くなった友だちの思い出を綴りご遺族に届ける。時期は2～3か月以上経過した月命日のころ、ご遺族の意向を汲みながら行うのがよい。

2　災害と事件における相違点

　災害と事件後の相違点について述べる。まず、チェックリストについて、災害では「あのこと」という表記の後に、「「あのこと」と聞かれてあなたはなにを思い浮かべましたか？」という設問をしたが、事件後のチェックリストでは、「あのこと」の代わりに「つらかったこと」とし、その出来事についての記載を求めない。低線量の放射線の脅威が継続する福島では、「あのこと」ではなく、「つらかった・ショックだったこと」に変え、また、放射線不安に対応する「外に出るのが不安」「食べるものが大丈夫か気になる」「将来の健康が不安になる」を加えた（成井香苗ら、福島県臨床心理士会東日本大震災プロジェクトメンバーにより作成）。小学生殺害事件の段階1では、教師や保護者に適切な対応の知識と方法を伝え、身近な人こそ、子どもの過剰な恐怖や悲しみをやわらげることができると考え、スクールカウンセラーによる直接的なかかわりは、親友で打撃の強い児童へのカウンセリングに留めた。この時期は、小学生低学年ということもあり、児童への直接の健康観察も控え、代わりに、保護者からみた子どもの気になる反応を学校が事件2日後の説明会で配布した。

　また、高校生の自殺後の心理支援の経験から、事件の翌週は、担任教師の喪のメッセージと10項目の健康観察チェックリストに留め、高得点者と相談希望の生徒に、養護教諭とスクールカウンセラーが個別相談を行った。そして3週間後のロングホームルームの時間に、当該の学年全クラスで、喪失とトラウマ

の心理教育、眠りのためのリラックス法、絆のワークを含む心の授業を行い、27項目のトラウマ・ストレスチェックリストを行い、ハイスコアの生徒や打撃の深い生徒に、養護教諭とスクールカウンセラーが個別面談を行った。この心の授業を契機に、いつも下を向いて授業を受けていた生徒たちが前を向いて授業を受けはじめた。

　小学生殺害事件では、犯人が未逮捕の状況下であったので、3週間後に行った心のサポート授業では、眠りのためのリラックスと落ち着くためのリラックスの両方を体験してもらった。学校では警察や警備員や教師に守られているのでリラックスしてよいが、校外では、リラックスではなく、適切な緊張感をもって警戒しなければならない。子どもにとって今どのような体験が必要かをアセスメントして適切な体験を提案することが必要である。

　事件の直後期では、専門家は教師や保護者といった身近な大人が子どもの心身反応に適切なかかわりを行えるように支援する。ただし、大災害では保護者も直接的な打撃を受けているため、保護者への心のサポート研修会は急性期よりも回復期・中長期に行う方がよい。そして、災害では、2年後、3年後と経るうちに、心のサポート活動は語り継ぐ防災教育につながる。しかし、サイレンや「津波や地震」という言葉にフラッシュバックなどの再体験反応を引き起こすため、避難訓練や防災学習は心のサポートと一体的に行う必要がある。つぎにそのことを述べる。

3　防災教育と心のサポート

　大災害であれば、防災教育と心のサポートを一体的に取り組む。急性期には、避難経路を事前に散策するなど避難訓練を段階的エクスポージャーの手順で行い、強い余震や津波警報に適切な対処法を体験的に学ぶ。中長期には、防災学習や語り継ぐ防災教育を心のサポート活動とあわせて行う。

　学校再開後、強い余震や津波に備えるため、どの学校も避難訓練を実施していった。4月後半に避難訓練を実施した学校があったが、過呼吸などからだの不調を訴えたり、大泣きする子は1人もいなかった。それは、「再び大きな地震・津波が来ても大丈夫なように避難訓練を実施するのだ」と訓練の目的を子どもたちにわかりやすく伝え、避難訓練の前日にクラスごとに避難経路を散策

した。これは段階的練習法という心のサポートの視点が取り入れられている（西條, 2012：冨永, 2012）。

　大災害から2年が経過したころ、「他の地域との交流学習で震災体験を伝えたい。防災学習で津波のメカニズムを学ぶために津波の映像を使いたい。しかし子どもの反応が心配だ」という声を聴くようになった。そこで、Tab.7-2の防災学習と心のサポートアンケート（つらい度チェック）を心のサポート授業や防災学習の前後に行った。朝の会や帰りの会で、5分もかからずに実施できる。まだ中学校や小学校数校しか実施していないので詳細な報告は控えるが、2年半の時点のつらい度は、避難訓練は全体的に大変低く、津波の映像、作文、話すことに高い児童生徒が数名みられる。項目8のサイレンはつらい度得点が高くて当然であり、「泣いてもいいから、いかに適切な避難行動がとれるか」がみんなの課題だと伝えている。つらい度得点が高い子どもに、担任やカウンセラーが事前に個別相談を行い、心理教育と活動時の対応について話しあうとよい。

　筆者は大災害から2年半のころ、被災地の小学校で、ドラえもんの着ぐるみを着た担任教師にネズミに脅えるドラえもんを演じてもらい、トミー博士がネズミ警報装置を開発したので大丈夫、と防災教育と心のサポートを一体にした授業を行った。警報装置のサイレンで固まるドラえもんに、「サイレンはドラえ

Tab.7-2 ◆ 防災学習と心のサポートアンケート

	あなたはつぎのことについてどれくらい苦しい（いや、こわい、つらい）ですか？　あてはまる数字に〇をつけてください。	0＝まったく苦しくない　10＝さいこうに苦しい										
1	ひなんくんれんをする	0	1	2	3	4	5	6	7	8	9	10
2	"つなみ"ということばを聞いたり見たりする	0	1	2	3	4	5	6	7	8	9	10
3	"つなみ"の映ぞうを見る	0	1	2	3	4	5	6	7	8	9	10
4	つなみの仕組みについて学ぶ	0	1	2	3	4	5	6	7	8	9	10
5	心とからだの健康かんさつアンケートをする	0	1	2	3	4	5	6	7	8	9	10
6	つなみのあとに経験したことを作文に書く	0	1	2	3	4	5	6	7	8	9	10
7	つなみのあとに経験したことを話す	0	1	2	3	4	5	6	7	8	9	10
8	つなみちゅういほうやけいほうのサイレンをきく	0	1	2	3	4	5	6	7	8	9	10
9	強いじしんや長い時間のゆれがあったすぐあと	0	1	2	3	4	5	6	7	8	9	10

もんの命を守ってくれる大切な合図だよ。恐くて震えてもいいから、ネズミが来ない場所に避難して！」と子どもたちにメッセージを送った。

文部科学省の防災教育のテキストには、災害後の子どもの心のケアについての記載はあるが、一体的に取り組むことの理論的背景や実施方法についての記載がない。今後、防災教育と心のケアを一体としてすすめる教育プログラムの精緻化が求められる。

4　3段階心理支援モデルの検証について

災害後の子どもの心理支援は、「比較群を設定し介入の効果を検討する」、「効果的と仮定される複数の介入法にランダムに被験者を割り当てる」といった証拠に基づいたアプローチ（Evidence based approach）を行うことはむずかしい。特に大規模災害直後の急性期での「調査」に対する学校現場の反発は当然である。そのため、発災から2～3か月後に実施された「こころのサポート授業1」の成果については、岩手県教育委員会が2011年7月に各学校に調査を実施した実施率の結果を引用するに留めた。今後、多角的な情報から、その効果を検討することになる。多角的な情報とは、①介入セッションでの児童生徒の感想や気分チェックリストによる変化、②実施者や実施校の管理職の感想や評価、③保護者からみた子どもの心身反応と介入や被災状況の情報、であろう。

岩手県教育委員会は岩手県14万人の子どもの「心とからだの健康観察19版・31版」の結果を自由記述も含めて蓄積している。児童生徒の感想は今後取りまとめて報告されるかもしれない。保護者からみた子どもの心身反応については、2012年6月、文部科学省スポーツ青少年局が東日本大震災の災害救助法適用地域193市区町村の保護者を対象に調査を実施した（Fig.7-2参照）。報告された件数は335,784件であった。放射線の問題を抱える福島県において各心身反応の生起率が最も高く、次いで宮城県であった。岩手県は茨城県と同程度であった。また、文部科学省（2013）による「児童生徒の問題行動等生徒指導上の諸問題に関する調査」では、不登校の発生率の2011年度と2012年度を比べると、宮城県は0.16％、福島県は0.18％、岩手県は0.06％であった。

福島県・宮城県・岩手県の3県は被災状況や放射線の影響が異なるため、この結果の差異に関する要因を考察することはできない。しかし、いずれ被災の

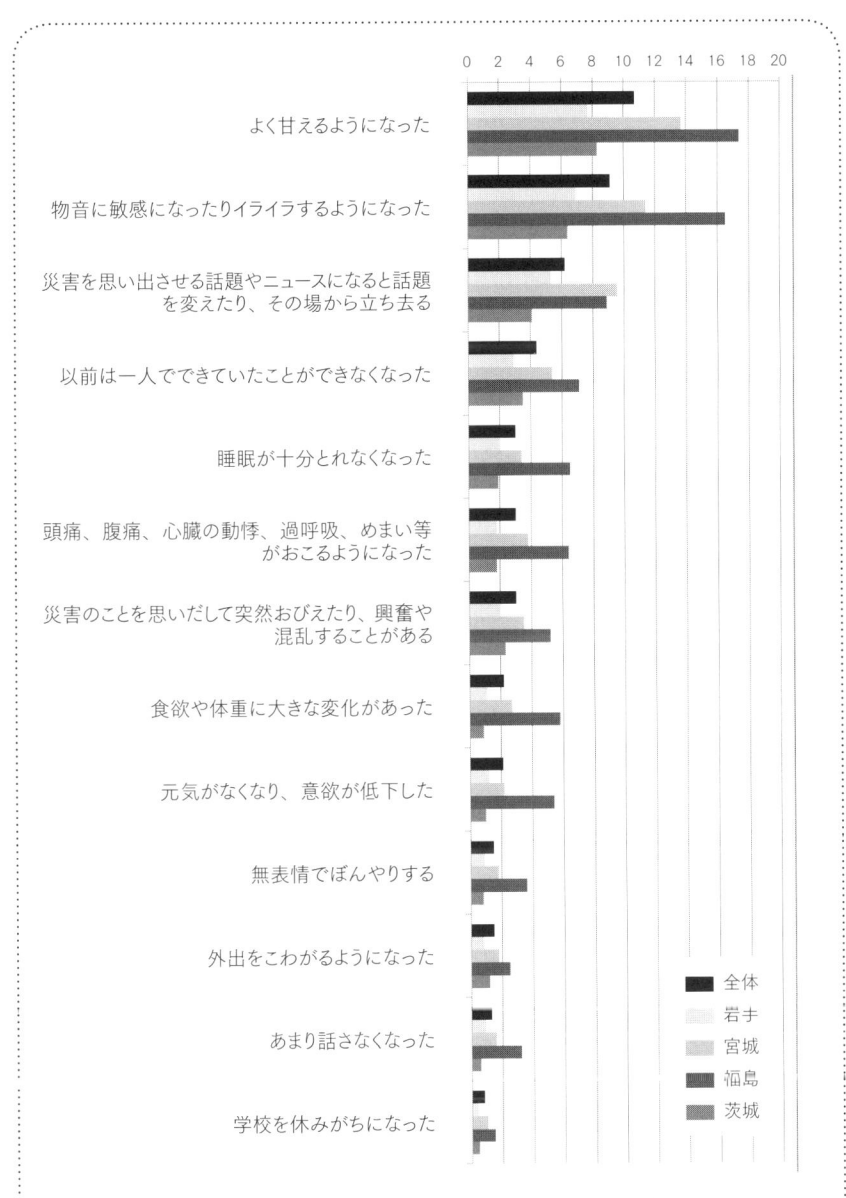

Fig.7-2 ◆ 東日本大震災の災害救助法適用地域の保護者（335,784件）からみた子どもの心身反応（文部科学省, 2012；公表された表を元に筆者が作成）

第7章　災害・事件後の子どもの心理支援システム構築の考察

同程度の地域、そこで実施された介入法、被災前の不登校や問題行動の発生率などを変数として投入し、有効な介入法を明らかにすることは、今後起こりうる災害後の心理支援のあり方に重要な資料となりうるであろう。

5　教師・カウンセラー研修会のあり方

　災害・事件後の子どもの心理支援の理論と方法が構築できても、それを実践するためには実践者が不可欠である。インド洋大津波では、半年後にインドネシア・アチェで5日間の教師へのトラウマ・カウンセリング研修を実施した（冨永・髙橋, 2005）。研修を受講した30名の教師が、研修終了後、地域の教員200名に研修を伝達するというコミュニティ・エンパワメントの研修スタイルであった。また、四川大地震では2週間後に、中国重慶・西南大学にて350名を対象に3日間の研修を実施した（冨永・小林・吉・髙橋・有園, 2010）。いずれも、①経験と理論、②模擬授業や実技実習、③質疑応答（事例検討含む）の3つをバランスよく構成した。また、その国その地域の宗教と文化に配慮した。インドネシア・アチェでは、97％が厳格なイスラム教徒であるため、1日の研修時間に必ず「お祈り」の時間を確保することを日本チームが提案した。また、アチェの心理学者は「涙を流すことは心理学的にはよいことはわかっているが、このアチェの地ではそれは正しくない」と語った（冨永・髙橋, 2005）。

　東日本大震災においても、岩手県教育委員会が2011年4月中旬に全県下で実施した教師研修会は、こころのサポートの理論、リラクセーション実技実習、質疑応答の3つを柱に構成された。また、等質の研修内容を全県下一斉に実施できたのは、岩手県教育委員会が、臨床心理士8名からなる「いわて子どものこころのサポートチーム」を発災から2週間後に発足させたことによる。また、2011年5～6月の県外からの緊急派遣スクールカウンセラー事業の評価を沿岸部の学校から聴取し、9月から市町単位に、常置の巡回型スクールカウンセラーを全国から募集し配置してきたことも、こころのサポート授業を核としたプログラムを展開できた要因であろう。

　また、人材育成の研修システムはJICAが豊富な経験と方法をもっており（冨永・藤本ら, 2010）、国内でも活用されることを期待したい。

6　西欧の災害後の心理支援モデルとわれわれが提案したモデルの比較

　西欧では、ディブリーフィングに替わってPFAが登場し、さらに、サイコロジカル・リカバリー・スキル（Skills for Psychological Recovery; SPR）、学校におけるトラウマのための認知行動療法（Cognitive-Behavioral Intervention for Trauma in School; CBITS）、トラウマ焦点化認知行動療法（Trauma focused cognitive behavior therapy; TF-CBT）といった心理支援モデルと方法が開発されていった。

　しかし、自然災害の被災者の約9割がアジアに集中していること、西欧では戦争体験者やレイプなどの性被害者のPTSDの治療研究が中心に展開されてきたこと、心理支援の人材の豊富さの相違など、西欧のモデルと方法をそのままわが国に適用することは現実的ではない。むしろ、多発する災害を経験してきたわが国の経験を体系化し、世界に発信していく必要がある。たとえば、PFAは言語的コミュニケーションをベースにしており、足湯、マッサージ、動作法、自衛隊のお風呂といったからだごと安心感を体験できる方法については記載されていない。また、PFAは急性期のモデルであるが、災害を繰り返し体験してきたわが国は中長期の支援の重要性を認識しており、特に災害にともなう表現活動を教師が学校教育のなかで展開してきた。

　ハリケーン・カトリーナ後の心理支援では、教師が「1年をふりかえる」作文活動を行うことはない（Walker, 2012）。わが国とアメリカの災害後の心理支援の相違は、教師の役割である。日本の教師は、教科指導のみならず、部活動の指導、生徒指導、教育相談を担当している。また、スクールカウンセラーが教師と協働で「こころのサポート授業」を展開する方が現実的である。

　急性期のモデルであるPFAは安全・安心を強調した安全で優れたガイドラインである。一方、日本や中国などのアジアでは、以下の3点をそのガイドラインに追加する必要がある。

　①PFA（2007）は、被災者へのアクセスの方法が乏しく、言語的支援が強調されすぎている。たとえば、「自己紹介をして何が必要かを尋ねる」とある。しかし、急性期には、「○○（子どもの遊び場、リラックス法、足湯隊、お茶の場など）ができますが、いかがですか？」と具体的な支援のメニューをいくつか提示し、選択してもらうことが必要である。心のケアを標ぼうするグループが、言語的

なかかわりだけで被災者にアクセスしようとしても、入り口で断られることが多い。東日本大震災後も、心のケアチームへの被災者からのアクセスは少なかった一方、マッサージや動作法などには積極的にアクセスしてきた。まずはからだがほっとできる体験が求められており、「精神保健・心理社会的支援」という標ぼうを「身体・心理・社会的支援」に変える必要がある。

　②PFA（2007）には「防災教育」についての記載がない。災害後の心理支援における問題焦点型対処のひとつが防災教育である。次に地震や津波が起きたとき、どのように自分の命を守ればいいかを体験的に知っておくことが、安全感を回復する方法である。いつも、「地震が来たらどうしよう」と心の中で思っていると勉強に集中できない。しかし、段階的な訓練を経ていない予告なしの避難訓練は、再体験反応や身体反応を引き起こす。そのため、防災教育は心理的配慮を含んだものでなければならない。この心理的配慮とは、Prolonged Exposure Therapy（Foa, Hembree, & Rothbaum, 2007）の実生活内曝露（in vivo exposure）の低い苦痛度の課題から徐々に苦痛度の高い課題に挑戦することが回避への挑戦であり、トラウマの克服手順であることに基づいている。また、原発事故での被災者には放射線教育が必要である。災害に応じた防災教育を明記しなければならない。

　③PFA（2007）には「被災体験の表現」についての記載がない。急性期に被災体験の表現を求めることは適切ではないが、では、中長期にわたって「被災体験の表現」をどうするかについての記載がない。東日本大震災では、過去の津波被害での体験を語り継いできたために、津波から命を守ることができた学校がいくつもある。そのため、この体験を語り継ぎ次世代の命を守りたいとの願いがつよい。心の中に自責感を抱えながら生活していては、ストレス障害に移行するリスクを高める。そのため、被災にともなう体験の表現のあり方を記載する必要がある。一方で、個別に配慮を有する子どものために、防災教育と心のサポートチェックリスト（つらい度）を活用して、個別の心理支援を行いながら、クラスや学校全体で、語り継ぐ防災教育に取り組むシステムを構築していくべきである。また、被災体験の中からトラウマ後成長（Post Traumatic Growth: Tedeschi and Calhoun,1996）が引き起こされる場合があることも指摘する必要がある。

7　平時の「心の健康教育プログラム」の充実を

　中国は、2003年に道徳とは別に「心理健康教育」を科目として設立した。それは、不登校とインターネット依存に対応する教育政策であった。しかし、その科目は中国全土には広がらなかった。ところが、2008年5月に四川大地震が起こったあと、その年の9月に、四川省教育部は被災地の小中学校で心理健康教育を週1時間実施するように通達をだした。現在では、年間34コマ、心理健康教育を実施することになっている。授業実施者は、中国心理学会の研修プログラムを受けた心理健康教育師であった。心理健康教育師の学問的背景は、心理学の学部を卒業した教員や道徳の教師が多いとのことであった。JICA四川大地震こころのケア人材育成プロジェクトが2009年6月から正式に発足し、筆者は毎年被災地のモデルサイトの学校での心理健康教育の模範授業を視察している。認知療法をベースにした授業案、リュックサックを胎児にみたてて命の教育を行う授業案、「挫折したときどうする？」といったトラウマ・ストレスへのコーピングの授業案など多岐にわたっているが、ロールプレイなどの体験を取り入れていることと、心理学を背景にしていることが特徴である。

　東日本大震災後、「こころのサポート授業１」の授業時間の確保に困難を極めた。学習指導要領では、保健体育に小学校5・6年では「心の健康」「悩みやストレスへの対応」という項が、中学校では「ストレスへの対処」という項があり、こころのサポート授業は、その項に該当する。しかし、小学校6年間で4時間、中学校では3年間で数時間と、非常に限られた授業時数であり、当初、こころのサポート授業の実施に消極的な学校が多かった。しかし、6週間の緊急派遣スクールカウンセラーの助言の下、6週間のうち1コマでもこころのサポート授業を実施する学校が増えていった。それは、子どもたちの授業の感想が良好だったためである。岩手県沿岸部の小中学校では81％が「こころのサポート授業１」を実施したと報告されている。中長期においては、仮設住宅でのストレス、福島では放射線による活動場所の制限などによるストレスを考えれば、少なくとも1か月に1コマのこころのサポート授業が必須である。

　わが国におけるストレスマネジメント支援の課題は、教育においては、文部科学省による組織的な心の健康教育の体系化であろう。ストレスマネジメント

教育は心理学や医学や保健学を学問的背景としており、道徳で実践することはなじまない。わが国は、1995年に前年のいじめを苦にした自殺事件を契機にスクールカウンセラー事業を開始し、全中学校にスクールカウンセラーが配置されるに至った。しかし、活動時間は週に6時間と限られており、不登校などの結果対応のカウンセリングに追われている。東日本大震災後には、ストレスマネジメントを取り入れたこころのサポート授業を展開してきたが（冨永, 2012)、教育課程上、時数を確保することが困難な状況である。教育現場は、被災地の学校に限らず、スクールカウンセラーなどの専門家と共同で行うストレスマジメント教育を切望している（兵庫県心の教育総合センター, 2011)。文部科学省はストレスマネジメントを中心とした心の健康教育を「児童生徒の困難・ストレスへの対処法に資する教育プログラム」として展開しつつある。平成25年度は全国335校の中学校で展開され、平成26年度は、その教育プログラムを全国小中学校600校以上に拡大するよう概算要求がなされている。平時の心の健康教育の充実が、災害・事件後の子どもの打撃を減じる教育政策であることを、政治家、教育関係者、教育行政者が認識し、ストレスマネジメント教育などの心の健康教育を制度化することこそわが国の緊急の課題といえる。

第2節　災害後の心理アセスメントについての考察

1　心理アセスメントツールの位置づけ
　── 調査アンケートか自分を知るためのチェックリストか

　阪神淡路大震災、四川大地震では、災害後に調査研究のためのアンケートが子どもに繰り返し実施された。東日本大震災後、アンケートによる二次被害を防止するため日本心理臨床学会支援活動委員会は、2011年3月15日に、特設ホームページ「東北地方太平洋沖地震と心のケア」にTab.7-3のメッセージを掲載した。

　また、日本精神神経学会は「東日本大震災における調査・研究に関する緊急声明」を2011年4月20日に、「人を対象としたすべての「調査・研究」は、「疫学研究に関する倫理指針」、「臨床研究に関する倫理指針」等の政府省庁が定め

Fig.7-3 ◆ アンケート調査による二次被害の警告（日本心理臨床学会支援活動委員会特設ホームページ）

> 被災した子どもの利益にならない研究のためのアンケート調査は絶対に行わないでください。阪神淡路大震災のときも中国四川大震災のときも、調査公害が多発しました。この災害では決してそのような二次被害が起こらないようにしてください。

> 心やストレスのアンケートを実施する時期は、ある程度ライフラインが復旧し、日常が回復してからが適切です。また、アンケートを実施するときは、さまざまな心身反応が起こるのが自然で、それぞれに対処する方法があるという「心理教育」のメッセージを送ってください。また、アンケート実施の前後に、背伸びや漸進性弛緩法や呼吸法や動作法などの「ストレスマネジメント体験」を提供してください。そして、担任が全員に5分でいいから、「個別相談」をし、かつ、ハイリスクの子どもさんには、保護者の了承をえて、スクールカウンセラーの「個別相談」が実施できるようにしてください。

た倫理指針に則り、倫理委員会によって、その倫理性や研究としての科学性に関して審議の上で承認を受け、承認内容に即して実施する必要があります」（一部抜粋）と発信している。

「アンケート（enquete〔フランス語〕、Questionnaire〔英語〕）」の語意は、「多くの人に同じ質問をだして回答を求める調査法。また、その質問」（大辞泉）であり、調査という意味を含んでいる。そこで、「チェックリスト（Checklist〔英語〕）」の語意が「確認・検討を要する事項を列挙した表。照合表」（大辞泉）であるため、以降、「心とからだのストレス・チェックリスト」という用語を用い、子どもが自分の心身反応を照合するために用いる教材として位置づける。

すなわち、専門家によるスクリーニングモデルでは、アンケートは診断のためのスクリーニングテストであり、ハイリスクの子どもを専門家が精度よく抽出することが目的となる。一方、セルフケア促進モデルでは、子ども自身のセルフケアの力を引きだすために、心身反応を自らが点検・観察するために用いられ、子ども自身が望ましい対処法を学ぶ参考にすることが第一の目的となる。そこで、「アンケート」ではなく、「心とからだのストレス・チェックリスト」ないし「心とからだの健康観察」という名称が適切であると考えた。

2011年4月当初、岩手県教育委員会は、長期の子どもの心のサポート態勢に、心とからだの健康観察を組み込んだ計画を構想していた。その全体構想の一部がマスメディアから「心の傷調査」というタイトルで発信されたため、筆者がこれまでかかわってきた精神科医から猛烈な反対意見の申し入れがあった（加藤・葉月, 2011）。それは、過去の災害後の子どもの心理支援において、事件後の

ツールである「こころの健康調査票」が短期間に繰り返し行われ、そのアンケートをするたびにつらい思いをした子どもを精神科医がフォローしていたため、「また、そのようなことをするのか」という批判であった。

筆者は、2011年4月の日本トラウマティック・ストレス学会臨時理事会において、こころのサポート授業の資料を添えて説明し理解を求めた。急性期には、災害体験を想起させる再体験症状に関する質問項目は含めず、睡眠、食欲、イライラ、体調不良で、かつ5項目と負担の少ない項目数の健康アンケートの実施であることを説明した。こころのサポート授業で、心とからだのストレス・アンケートを2段階目で活用するという提案である。このように、「調査のためのアンケート」と「心理教育のためのチェックリスト」を専門家が区別しておけば混乱も回避できるであろう。

Tab.7-4 ◆ アンケートとチェックリスト —— 専門家によるスクリーニングモデルとセフルケア促進モデル

専門家によるスクリーニングモデル	セフルケア促進モデル
A　調査アンケート（スクリーニング） 　　↓ B　ハイリスク児抽出 　　↓ C　個別ケア	A　チェックリスト（心理教育＋ストレスマネジメント体験） 　　↓ B　教師による全員面談 　　↓ C　ハイリスク児へのスクールカウンセラー面談

2　「心とからだの健康観察31版」の信頼性と妥当性

「心とからだの健康観察31版」の併存的妥当性は、IES-rの合計得点と31版のトラウマ3因子の15項目との分析では、各合計得点との相関係数が0.784となり、強い相関を示した。また、下位尺度間の相関分析より、弁別的妥当性と収束的妥当性が確認された。因子妥当性については、再体験とマヒが1つの因子を、また過覚醒は睡眠に関する項目と1つの因子を、回避が1つの因子を構成した。一方、IES-rの因子分析においても過覚醒に睡眠が含まれた項目が1つの因子を構成した。α係数による信頼性の検討に関しては、第1因子の「再体験マヒ」は0.815、第2因子の「睡眠過覚醒」は0.776、第3因子の「回避」は0.827と十分な内的一貫性を示した。

否定的認知を含んだ20項目との分析では、IES-rの合計得点と31版の20項目

の合計得点との相関係数は0.781となり、強い相関を示した。因子分析の結果、第1因子は「否定的認知過覚醒」であり、第2因子は再体験マヒ、第3因子は回避であった。第1因子の「否定的認知過覚醒」は0.853、第2因子の「再体験マヒ」は0.805、第3因子の「回避」は0.828と十分な内的一貫性を確認した。

　以上のことから、「心とからだの健康観察31版」はトラウマ反応を測定していると言える。また、15項目の分析では、睡眠と過覚醒が、20項目の分析では、否定的認知と過覚醒が1つの因子を構成した。このことは、覚醒水準が高まり、イライラ感や不集中や過敏が睡眠を妨げ、また学習や活動を妨げ、無力感や不信感などの否定的なつぶやきを生じさせることを示しているのかもしれない。そのため覚醒水準をコントロールするリラクセーションなどのストレスマネジメント体験が必要であることが示唆される。

第3節　今後の課題

　ハリケーン・カトリーナ後の子どもの心理支援システムは、すべての児童生徒へPFAを実施したのちに、スクールカウンセラーによるスクリーニングによりハイリスクの児童生徒を抽出し、グループでCBITSを実施するか、クリニックでTF-CBTを実施するというものであった。CBITSやTF-CBTの実施前後に、UCLA PTSD Indexなどのトラウマ反応尺度が実施されている。CBITSで語られたことや表現されたこと、アンケートの結果は、児童が危害を加える可能性がある場合と児童虐待について話した場合を除いてすべて守秘され、教師と共有することはない。また、学校に子どもの尺度の結果を残すこともない。

　これからの課題の1つは、文化に応じたインフォームドコンセントのあり方の検討であろう。岩手県教育委員会では、こころのサポート授業実施前に、学校が保護者宛にこころのサポート授業の内容について通知し、保護者から意見を求める手続きを取っている。一方、アメリカでは、CBITSのプログラム参加について、すべての保護者に承諾書への署名を得る手続きをとっている。PSCC-Japanでは「心とからだの健康観察」は原則として教師が実施するため、教師とカウンセラーがそこに表現された情報を共有することになる。「心とからだの健康観察」の結果を子どもが保護者には知ってほしくないと言ったときは、そ

の気持ちを大切にしながら、保護者との面談で今子どもにどのような課題があり、どう解決していくのかを話し合うことになる。一方、CBITSでは、両親の承諾を求める手紙には、「集められたお子さんに関する情報の守秘義務は守られますし、学校記録にも残りません」と記載されている。岩手県教育委員会は、次年度に、つらい体験を何度も保護者が語らなくてもいいように、そして、子どもの心とからだの健康を長期に支援するために、「心のファイル」を作成し、学校で保管している。このように、わが国における災害後の心理支援システム構築にあたり、子どもが発信した情報の取り扱いに関して、法律の側面からの明文化が課題の1つであろう。

2つめの課題は、災害後の子どもの心理支援に関する理論と方法についての支援者間の共通理解であろう。医療福祉従事者と心理専門家、そして教育関係者の3者の共通認識を図る必要がある。もちろん、心理専門家同士においても共通理解が図られているとは言い難い。災害支援は、支援者にも打撃を与え、二次的外傷性ストレスをもたらす。過覚醒状態になりうることを予想し、その状況のなかで、落ち着いて、お互いを尊重しあう基本ルールを事前に確立しておく必要がある。

3つめの課題は、こころのサポート授業の学習指導要領における位置づけの明文化であろう。すでに述べたが、現行では、保健体育に位置づけられている。しかし、時数が非常に限られており、総合的な学習や一部道徳の時間との振り替えを行うなど、系統的な心の健康に関するプログラムの提案と学習指導要領での明文化が課題であろう。

4つめの課題は、今後起こりうる大災害の心理支援のチーム支援のあり方である。厚生労働省は、災害派遣精神医療チームDPAT（Disaster Psychiatric Assistance Team）を立ち上げた。チームは精神科医と看護師・事務職から構成され、Tab.7-5に示した3点が主要な活動である。

発災前から精神医療を受けていた被災者には必須のチームである。一方、子どもの心理支援としては、教師・臨床心理士・医師で構成する災害派遣子ども支援チームDChaT（Disaster Child Assistance Team）を文部科学省で立ち上げてはどうだろうか（Fig.7-3）。兵庫震災学校支援チーム（EARTH）がそのモデルになる。JICA四川大地震こころのケア人材育成プロジェクトは、まさに災害精神医療の

Tab.7-5 ◆ 災害派遣精神医療チーム（DPAT）の主な活動

1	災害によって障害された既存の精神保健医療システムの支援
	・災害によって障害された地域精神保健医療機関の機能を補完する。 ・避難所や在宅の精神障害者への対応を行う。
2	災害のストレスによって新たに生じた精神的問題を抱える一般住民への対応
	・災害のストレスによって心身の不調をきたした住民又は事故等に居合わせた者への対応を行う。 ・今後発生すると思われる精神疾患、精神的不調を防ぐよう対応を行う。
3	地域の支援者への対応
	・地域の医療従事者、被災者の支援を行っている者（行政機関の職員等）への対応を行う。

厚生労働省（2013.4）災害派遣精神医療チーム（DPAT）活動要領について
http://www.mhlw.go.jp/seisakunitsuite/bunya/hukushi_kaigo/shougaishahukushi/kokoro/ptsd/dpat_130410.html

精神科医師、災害後に活動してきた臨床心理士、EARTH隊員の教師が日本派遣の講師を務めた。大災害は急性期の支援では十分でなく、5年、10年、20年の長期を見据えた支援体制が不可欠である。急性期に20年を見据えた子どもの心理支援プログラムをチームとして提案できるかどうかは、被災した多くの子どもの人生に大きく影響を及ぼす。DChaTを組織し、東南海トラフ地震を視野にいれ、異職種の専門家が知恵を出しあい、望ましい心のサポートプログラムを作っておいてはどうだろう。

第4節　結語

(1)「災害・事件後に必要な体験の段階モデル」および「教師とカウンセラー協働による災害・事件後3段階心理支援モデル（PSCC-Japan）」の検討
① 阪神淡路大震災、神戸児童連続殺傷事件後の心理支援から、安全感と安心感の回復が何より重要であり、方法としては、動作によるかかわりが有効であることが示唆された。

　阪神淡路大震災後の心理支援の実践では、動作法による支援が被災者に受け入れられ、短時間での望ましい変化を引き起こした事例が報告された。また、神戸児童連続殺傷事件後には、児童に対してはハンカチボールのキャッチボールといった動作によるコミュニケーションからストレス対処の話し合いを提案し、保護者にはストレス対処と心理教育を中心としたグループ勉強会を行った。そ

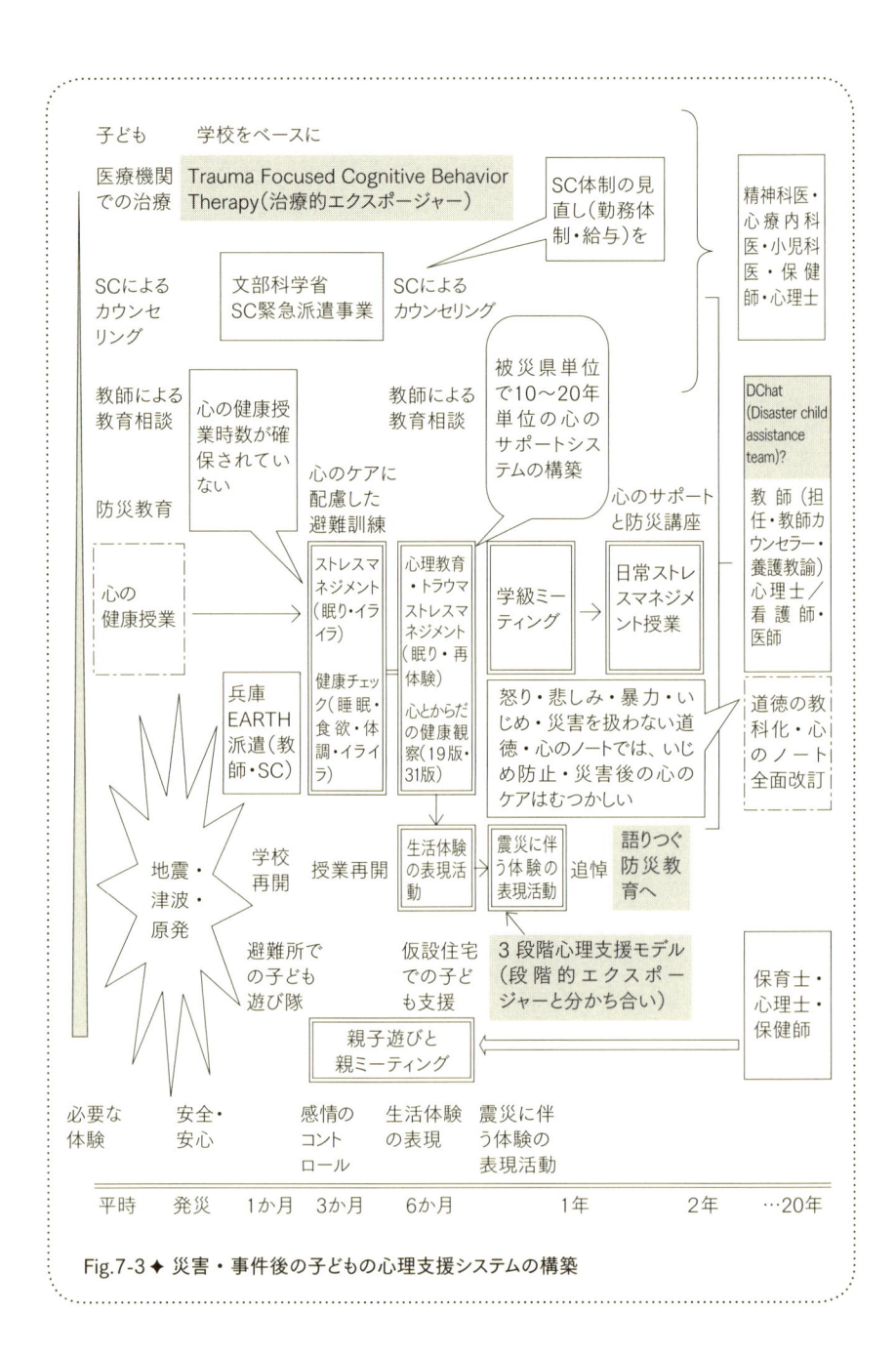

Fig.7-3 ◆ 災害・事件後の子どもの心理支援システムの構築

れらは、災害の急性期においては、恐怖体験の表現よりも安全感と安心感の回復が重要であることを示している。1995～1997年当時は、国際的には恐怖体験の吐きだしを強調するディブリーフィングが推奨されており、安全感と安心感の強調は、後に国際的なガイドラインの第一に記載されることになった。

② 東日本大震災後のこころのサポート授業1、2、3という方法に対する評価は、現段階では確定できない。

「こころのサポート授業1」の実施率が81％と高率だったこと、緊急派遣スクールカウンセラーへの学校の評価について、97％が「よかった」と評価したこと、文部科学省（2012.9）が、2012年6月に保護者約33万人に子どもの心身反応の調査を実施し、本プログラムを適用した岩手県が茨城県と同程度であったことから、ある程度の効果があることを推測できる。

③ 東日本大震災後のこころのサポート活動にあたっての教師研修では、四川大地震後の専門家研修の枠組み「講義・実技・質疑応答」の3分の1の原理を踏まえて行った。リラクセーション実技によって、被災地の教師の表情が和らぎ、活発な質問がなされたとの報告を受けているが、スクールカウンセラーおよび教師研修の評価は今後の課題である。

(2) 「心とからだの健康観察31版」の信頼性と妥当性

「心理教育のためのトラウマ・ストレス尺度」の発展版である「心とからだの健康観察31版」の信頼性と妥当性については、IES-rにより併存的妥当性を確認した。

IES-r得点と「心とからだの健康観察31版」のトラウマ反応15項目合計とは、0.784の相関係数であり、併存的妥当性を確認した。

| 付　記 | |

本書の以下の節は、公刊された論文の一部を加筆修正して編集したものです。共著者に深く敬意を表します。

第2章　第1節
　　冨永良喜・三好敏之・中野弘治（1995）：からだは語る・からだに語る．阪神淡路大震災：動作法による被災者の心のケア実践報告．リハビリテイション心理学研究, 21, 57-95.

第3章　第1節
　　冨永良喜・高橋哲・小澤康司（2010）：災害・事故後の心理教育のためのトラウマティック・ストレス尺度（Post Traumatic Stress Reactions Scale for Psychoeducation：PTSR-ed）の作成の試み —— 台風23号豪雨災害被災地の小学4年生から中学3年生を対象に．ストレスマネジメント研究, 7（1）, 3-8.

第3章　第2節
　　冨永良喜・高橋哲（2005）：子どものトラウマとストレスマネジメント．トラウマティック・ストレス, 3（2）, 37-43.

第4章　第1節
　　冨永良喜・小林朋子・吉沅洪・高橋哲・有園博子（2010）：大規模災害直後における海外からの心理支援のあり方の検討．心理臨床学研究, 28, 129-139.

第4章　第2節
　　冨永良喜・藤本正也・渡邊智恵・吉沅洪・大澤智子・高橋哲・瀧ノ内秀都・明石加代・加藤寛（2010）：四川大地震JICAこころのケア支援プロジェクト事前調査．トラウマティック・ストレス 8（1）, 55-63.

第5章　第3節
　　冨永良喜・三浦光子・山本奨・大谷哲弘・高橋哲・小澤康司・白川美也子・渡部友晴（2012）：大規模災害後の子どものこころのサポート授業．トラウマティック・ストレス10（1）, 11-16.

あとがき

　1995年1月17日、5時46分、強い揺れ。4階建ての宿舎の1階に住んでいたため、天井が崩れ落ちてくるのではとの恐怖を感じました。小さな息子たちを布団から炬燵の下に引き入れようとするもからだが動きません。宿舎は神戸から40km離れた北部にありました。揺れがおさまり、室内をみると、なにも壊れたものはありませんでした。ほっとしたのも束の間、テレビをつけると次々に悲惨な光景が映し出されていきました。なにもできない無力感を抱いているころ、鶴光代先生から「避難所で動作法をやっている人がいて好評らしいのであなたもやってみない？」と電話がありました。大学院生を連れて、動作法仲間の居る被災地の養護学校を拠点に、「リラックス動作法」のスペースを開設し、多くの被災された方と出会いました。動作法による短時間のかかわりで、被災された方の表情がみるみる変わっていく姿に、恩師・成瀬悟策先生の偉大さを感じました。その後の兵庫県臨床心理士会研修会での杉村省吾先生や高橋哲さんとの出会いがきっかけとなり、それから経験するさまざまな災害や事件後の心理支援に共に取り組んでいくことになろうとは当時まったく予想もしませんでした。

　災害・事件後の心理支援の理論と方法は2004年の台風23号豪雨災害のときにほぼ構築していました。しかし同年同月にあった新潟県中越地震ではその理論と方法は採用されませんでした。学長裁量経費などによる研究報告書には記していたのですが、出版物や論文として世に出していなかったためでしょう。2011年の東日本大震災から3年になろうとする今、私たちが取り組んできた方法と理論を公刊することが私の責務と考えるようになりました。

＊

　本書は学位論文としてまとめたものに、小学生殺害事件後の心理支援を加え、加筆修正したものです。学位論文の主査を務めてくださった九州大学教授・田嶌誠一先生には内容の構成などの助言をいただきました。また審査会では審査委員の先生方から分析の方向性や考察のあり方について助言をいただきました。

心より感謝申し上げます。

　本書の一部は、科学研究費・基盤研究（B）平成23年度〜25年度・「小中学校におけるストレスマネジメントに基づく心の健康教育プログラムの効果」（課題番号23330212、代表者冨永良喜）の成果です。第6章は平成23・24年度兵庫教育大学「理論と実践の融合」に関する共同研究「大災害後の子どもの心理的支援における心理アセスメントと個別相談に関する研究」の成果の一部をとりまとめたものです。

　本書は単著としてまとめていますが、さまざまな災害・事件後共に取り組んできた人たちとの共同作品です。

　また、私の学びにたいへん役立ったのが日本トラウマティック・ストレス学会で出会った精神科医の先生方でした。飛鳥井望先生には、兵庫県こころのケアセンターで開設された4日間の長時間エクスポージャー療法の研修会でPTSDの心理療法の本質を教えていただきました。金吉晴先生には、海外の災害紛争後の心理支援の情報やPTSD治療の最先端を教えていただきました。白川美也子先生にはTF-CBTを教えていただき、それは東日本大震災後のプログラム作成にたいへん参考になりました。兵庫県こころのケアセンター所長の加藤寛先生からは、四川大地震後のプロジェクトの研修会で心のケアの基本と展開を学びました。

　盟友・山中寛さんが学位論文をとりまとめ『ストレスマネジメントと臨床心理学——心的構えと体験に基づくアプローチ』（金剛出版）を刊行されたことが本書の刊行を決意させました。大学院時代からのよき仲間に支えられて本書ができたことをみなさんにお伝えします。

　私を支えてくれた家族がいたから思う存分活動ができました。阪神淡路大震災後、室内物干しをゆすりながら「地震だ！　地震だ！」と遊んでいた息子たちに「不謹慎だからやめなさい」と叱ってしまいました。当時、心のケアの知識がなかったのです。でも長男は司法に、次男は医学の道に進んで、独り立ち

しようとしています。災害や事件後に過覚醒状態で止まらない私の語りに黙ってうなずき聴いてくれた妻であり臨床心理士の典子に「ありがとう」の言葉を贈ります。

　本書を編集するにあたり編集工房レイヴン・原章様にていねいかつ的確な校正をしていただきました。また創元社の渡辺明美様、津田敏之様には、このような専門書を刊行していただき心よりお礼申し上げます。

　2014年1月吉日

冨永良喜

参考文献

ADRC (Asian Disaster Reduction Center) (2008): Natural Disaster Data Book 2007. www.adrc.asia/publications/databook/DB2007_j.html

明石加代・藤井千太・加藤寛 (2008):災害・大事故被災集団への早期介入 ──「サイコロジカル・ファーストエイド実施の手引き」日本語版作成の試み 心的トラウマ研究, 4, 17-26.

American Psychiatric Association (2000): DSM-IV-TR ('Text Revision' of the DSM-IV) 高橋三郎・大野裕・染矢俊幸 (訳) 2003 DSM-IV-TR精神疾患の分類と診断の手引. 医学書院

安克昌 (1996):心の傷を癒すということ ── 神戸...365日. 作品社

有園博子 (2008):阪神大震災後の思春期の心の問題 思春期学, 26 (2), 198-207.

有園博子・中井久夫 (2007):PTSD発症の危険因子と対応, 経験から学ぶ大規模災害医療 ── 対応・活動・処置 丸川征四郎 (編著) 永井書店 pp.275-285.

飛鳥井望 (2008):PTSDの臨床研究 ── 理論と実践. 金剛出版

Austin LS (1992): *Responding to Disaster: A Guide for Mental Health Professionals*. American Psychiatric Press. 石丸正 (訳) 1996 災害と心の救援. 岩崎学術出版社

Bisson JI, Jenkins PL, Alexander J, et al. (1997): Randomised controlled trial of psychological debriefing for victims of acute burn trauma. *British Journal of Psychiatry*, 171, 78-81.

Berkowitz S, Bryant R, Brymer M, Hamblen J, Jacobs A, Layne C, Macy R, Osofsky H, Pynoos R, Ruzek J, Steinberg A, Vernberg E, Watson P (National Center for PTSD and National Child Traumatic Stress Network) (2010): Skills for Psychological Recovery: Field Operations Guide, www.ncptsd.va.gov 兵庫県こころのケアセンター (訳) 2012 www.j-hits.org/spr/index.html

Boss P (1999): *Ambiguous loss: Learning to live with unresolved grief.* Cambridge, MA: Harvard University Press. 南山浩二 (訳) 2005 「さよなら」のない別れ 別れのない「さよなら」. 学文社

Bowlby J (1961): Processes of mourning. *International Journal of*

Psychoanalysis, 42, 317-339.

Cohen JA, Mannarino AP, Deblinger E (2006): *Treating Trauma and Traumatic Grief in Children and Adolescents. Treatment Manual.* New York: Guilford Press.

Ehlers A, Mayou RA, Bryant B (2003): Cognitive predictors of posttraumatic stress disorder in children: results of a prospective longitudinal study. *Behaviour Research and Therapy*, 41 (1), 1-10.

Foa E, Hembree E, Rothbaum B (2007): *Prolonged Exposure Therapy for PTSD. Emotional Processing of Traumatic Experiences Therapist Guide.* Oxford University Press.

Frederick C, Pynoos R, & Nader K (1992): Children PTS Reaction Index (CPTS-RI). La Greca AM, Verberg EM, Silverman, WK, Vogel AL, Prinstein MJ: *Helping Children. Prepare for Professionals Working with Elementary school children.* Funded by Bell South Foundation. 小西聖子・田中幸之（訳）1995　災害に遭った子どもたち　小学校教師のためのマニュアル　朝日新聞厚生事業団

藤森和美・藤森立男・山本道隆（1996）：北海道南西沖地震を体験した子どもの精神健康　精神療法, 92, 30-40.

藤森立男・藤森和美（2000）：外傷ストレス関連障害の病態と治療ガイドラインに関する研究；自然災害が被災者に及ぼす長期的影響，平成11年厚生省精神・神経疾患研究報告集, 143

藤原勝紀（1994）：三角形イメージ体験法に関する臨床心理学的研究――その創案と展開．九州大学出版会

福岡憲夫（2005）：「津波・トラウマ・カウンセリング・プロジェクト」スリランカ，アチェの実践．教育評論, 703, 10-13.

Green D (1990): After the flood: disaster response and recovery planning. *Bulletin of the Medical Library Association*, 78 (3), 303-306.

服部祥子・山田冨美雄（1999）：阪神・淡路大震災と子どもの心身――災害・トラウマ・ストレス．名古屋大学出版会

樋口和広（2000）：子ども・家庭・地域――震災遺児たちの心と感情の"吐き出し"，月間福祉, 83 (12), 88-91,

広常秀人・小川朝生（2003）：危機介入としての「デブリーフィング」は果たして有効か？　日本トラウマティックストレス学会, www.jstss.org/topic/treatment/treatment_05.html

久留一郎（2003）：PTSD――ポスト・トラウマティック・カウンセリング．駿河台出版社

兵庫県こころのケアセンター（2001）：平成11年こころのケアセンター活動報告書；5年間の活動を終えて

兵庫県心の教育総合センター（2011）：心の教育に関する調査報告書 www.hyogo-c.ed.jp/~kokoro/H22/h22houkokusyo.pdf

兵庫県教育委員会（2005）：震災を越えて――教育の創造的復興10年と明日への歩み．兵庫県教育委員会

兵庫県臨床心理士会（1997）：災害と心の癒し――兵庫県臨床心理士たちの大震災．ナカニシヤ出版

IASC (2007)：*IASC Guidelines on Mental Health and Psychosocial Support in Emergency Settings.* Geneva: Inter-Agency Standing Committee.

Jaycox LH, Cohen JA, Mannarino AP, Walker DW, Langley AK, Gegenheimer KL, Scott M, Schonlau M (2010)：Children's Mental Health Care Following Hurricane Katrina: A Field Trial of Trauma-Focused Psychotherapies. *Journal of Traumatic Stress*, 23（2）, 223-231.

Jaycox LH, Langley AK, & Dean KL. (2009)：Cognitive-Behavioral Intervention for Trauma in Schools; CBITS RAND Corporation（訳）2012　トラウマを受けた生徒のための支援 SSETプログラム．www.rand.org/content/dam/rand/pubs/.../RAND_TR675z1.pdf

梶原綾・藤原有子・藤塚千秋・小海節美・米谷正造・木村一彦（2009）：平成10年度改訂学習指導要領下の「保健」授業におけるストレスマネジメント教育に関する研究．川崎医療福祉学会誌 18（2）, 415-423.

加藤寛・最相葉月（2011）：心のケア――阪神・淡路大震災から東北へ．講談社

河合隼雄（1995）：心を蘇らせる――こころの傷を癒すこれからの災害カウンセリング．講談社

河合隼雄（1996）：震災体験を活かした防災教育．復興へ――共に生きる．兵庫県青少年本部編　神戸新聞総合出版センター pp.159-181.

Kessler R, Sonnega A, Bromet E, Hughes M, Nelson C（1995）：Posttraumatic stress disorder in the National Comorbidity Survey. *Archives of General Psychiatry* 52, 1048-1060.

Kessler RC, Andrews G, Colpe LJ, Hiripi E, Mroczek DK, Normand SL et al. (2002)：Short screening scales to monitor population prevalences and trends in nonspecific psychological distress. *Psychological Medicine* 2002; 32: 959-76.

金吉晴（2002）：災害時地域精神保健医療活動ガイドライン．平成13年度厚生科学研究

Kliman G, Oklan E, Wolfe H (2008)：*MY SICHUAN EARTHQUAKE STORY. A guided activity workbook for children, families, teachers and caregivers.* The Children's Psychological Health Center, Inc.

こころのケアセンター（1999）：災害とトラウマ．みすず書房

Kolb L（1987）：A neuropsychological hypothesis explaining posttraumatic stress disorder. *American Journal of Psychiatry*, 144, 989-995.

小杉正太郎（2002）：ストレス心理学――個人差のプロセスとコーピング．川島書店

Kovacs M（1981）：Rating scales to assess depression in school-aged children. *Acta Paedopsychiatr*, 46, 305-315.

Kübler-Ross E（1969）：*On Death and Dying,* New York: Macmillan.

窪田由紀・林幹男・向笠章子・浦田英範・福岡県臨床心理士会（2005）：学校コミュニティーへの緊急支援の手引き．金剛出版

Lazarus RS ＆ Folkman S（1984）：*Stress, appraisal, and coping.* New York: Springer Publishing Company, Inc.

Lindemann E（1944）：Symptomatology and management of acute grief. *American Jounal of Psychiatry*, 101, 141-148.

Maciejewski PK, Zhang B, Block SD, Prigerson HG（2007）：An Empirical Examination of the Stage Theory of Grief. *the Journal of the American Medical Association*, 297（7）, 716-723.

Mayou RA, Ehlers A, Hobbs M（2000）：Psychological debriefing for road traffic accident victims. Three-year follow-up of a randomised controlled trial. *British Journal of Psychiatry*, 176, 589-593.

McFarlane AC（2005）：災害後に必要な精神保健サービス――災害の長期的影響から学ぶこと．心的トラウマ研究, 1, 11-25.

Mitchell JT（1983）:When disaster strikes. The critical incident stress debriefing process. *Journal of Emergency Medical Services*, 13（11）, 49-52.

Mitchell JT & Everly GS（2001）：*Critical Incident Stress Debriefing.* Chevron Publishing Corporation. 高橋祥友（訳）2002　緊急事態ストレス・PTSD対応マニュアル――危機介入技法としてのディブリーフィング，金剛出版

三好敏之（1995）：からだは語る・からだに語る――震災1週間後からのリラックス動作法の実践について．リハビリテイション心理学研究, 21, 83-89.

文部科学省（2012）：被災地域の学校における児童生徒等の心身の健康問題への取組状況等について．www.mext.go.jp/b_menu/houdou/24/…/1324974_02_1.pdf

村瀬嘉代子・奥村茉莉子（2012）：災害と子どもの支援――子どもに届く心

理支援に向けて．世界の児童と母性　73, 7-11　資生堂社会福祉事業団

村田豊久・清水亜紀・森陽二郎・大島祥子（1996）：学校における子どものうつ病──Birlesonの小児期うつ病スケールからの検討　最新精神医学　1, 131-138.

中山沙希・永浦拡・寺戸武志・冨永良喜（2009）：簡易気分調査票（M12）作成の試み．日本ストレスマネジメント学会第8回大会論集, p.55.

成瀬悟策（2000）：動作療法──まったく新しい心理治療の理論と方法．誠信書房

成瀬悟策（1992）：心理臨床における課題達成的方法と体験治療論　九州女子大学紀要, 28, 1-24.

National Child Traumatic Stress Network and National Center for PTSD (2006): Psychological First Aid. Filed Operations Guide 2nd edition. 兵庫県こころのケアセンター（訳）2011　災害時のこころのケア：サイコロジカル・ファーストエイド　実施の手引き　原書第2版　医学書院

織田島純子・吉澤美弥子・大原薫（2006）：災害支援における臨床動作法の有効性（1）教育現場における「こころのケア」としての臨床動作法の活用．臨床動作学研究, 12, 1-10.

小島汀（2013）：震災を経験して──先輩からのメッセージ．DVD「こころのサポート映像集」日本ストレスマネジメント学会監修，一般社団法人社会応援ネットワーク企画編集

岡野憲一郎（1995）：外傷性精神障害──心の傷の病理と治療．岩崎学術出版社

岡安孝弘・嶋田洋徳・坂野雄二（1992）：中学生用ストレス反応尺度の作成の試み．早稲田大学人間科学研究, 5（1）, 23-29.

小澤康司（2005）：海外日本人学校における被害者支援活動の考え方．立正大学心理学部研究紀要 3, 81-99.

Prigerson HG, Bierhals AJ, et al. (1997): Traumatic grief as a risk factor for mental and physical morbidity. *Am J Psychiatry* 154（5）：616-23.

Pynoos R, Rodriguez N, Steinberg A, Stuber M, Frederick C (1998): *The UCLA PTSD Index for DSM-IV*. Los Angeles, CA: UCLA Trauma Psychiatry Service.

Raphael B. (1986): *When disaster strikes: how individuals and communities cope with catastrophe*. Basic Books. 石丸正（訳）1989　災害の襲うとき──カタストロフィの精神医学．みすず書房

西條剛志（2013）：避難訓練とこころのサポート．DVD「こころのサポート映像集・教職員スクールカウンセラー編」日本ストレスマネジメント学会監

修, 一般社団法人社会応援ネットワーク企画編集

斉藤陽子・酒井佐枝子・後藤豊実・廣常秀人・加藤寛・中井久夫（2005）：子どもの心的外傷反応の評価・診断 —— 主に単回性外傷体験の評価について．トラウマティック・ストレス, 3（2）, 23-35.

Selye H（1936）：A syndrome produced by diverse nocuous agents. *Nature*, 138.

Shalev AY, Sahar T, Freedman S, Peri T, Click N, Brandes D, Orr SP, Pitman RK（1998）：A Prospective Study of heart rate responses following trauma and the subsequent development of PTSD. *Archives of General Psychiatry*, 55, 553-559.

Shalev AY, Tuval-Mashiach R, Hadar H（2004）: Posttraumatic stress disorder as a result of mass trauma. *Journal of Clinical Psychiatry*, 65 Suppl 1, 4-10.

Shapiro, F（1995）：*Eye movement desensitization and reprocessing: Basic principles, protocols, and procedures.* New York: Guilford Press.

島津明人（2002）：心理学的ストレスモデルの概要とその構成要因．小杉正太郎（編）　ストレス心理学 —— 個人差のプロセスとコーピング．川島書店　pp.31-58.

白井明美・小西聖子（2004）：PTSDと複雑性悲嘆との関連 —— 外傷的死別を中心に．トラウマティック・ストレス, 2（1）, 21-27.

Sijbrandij M, Olff M, Reitsma JB, Carlier IV, Gersons BP（2006）: Emotional or educational debriefing after psychological trauma Randomised controlled trial. *British Journal of Psychiatry*, 189, 150-155.

Stroebe M & Schut H（1999）: The dual process model of coping with bereavement: rationale and description. *Death Studies*, 23（3）, 197-224.

杉村省吾（2000）：災害時の心のケアと自治体の役割　都市問題, 91（6）, 97-112.

杉村省吾・本多修・冨永良喜・高橋哲（2009）：トラウマとPTSDの心理援助 —— 心の傷に寄りそって．金剛出版

田嶌誠一（1987）：壺イメージ療法　その生いたちと事例研究．創元社

Tedeschi RG & Calhoun LG（1996）：The Posttraumatic Growth Inventory: Measuring the positive legacy of trauma. *Journal of Traumatic Stress*, 9, 455-471.

冨永良喜（1995）：被災者の心のケアとしての臨床動作法．リハビリテイション心理学研究, 21, 59-82.

冨永良喜（1998）：神戸少年事件におけるスクールカウンセラーの実際．河合

隼雄・大塚義孝・村山正治（監修）臨床心理士のスクールカウンセリング3 全国の活動の実際．誠信書房　pp.200-209.

冨永良喜（1999）：心理療法としての「イメージ動作法」の試み．催眠学研究，44（2），9-16.

冨永良喜（2005）：気分チェックリスト．災害・事件後の心のケアのあり方Part Ⅱ．55-58　平成16年度兵庫教育大学学長裁量経費研究報告書（研究代表者・冨永良喜）

冨永良喜（2006）：災害・事件後の心のケアとストレスマネジメント．学校保健研究，48，106-112.

冨永良喜（2007）：心理教育（Psychoeducation）．現代のエスプリ，483，77-84.

冨永良喜（2009）：ストレスマネジメント技法．杉村省吾・冨永良喜・高橋哲・本多修（編）トラウマとPTSDの心理援助――心の傷に寄りそって．金剛出版　63-70.

冨永良喜（2011）：災害と子どもの心のケア――災害後に必要な体験の段階モデルの提唱．臨床心理学　11（4），569-574.

冨永良喜（2012）：大災害と子どもの心――どう向き合い支えるか．岩波書店

冨永良喜・藤本正也・渡邊智恵・吉沅洪・大澤智子・高橋哲・瀧ノ内秀都・明石加代・加藤寛（2010）：四川大地震JICAこころのケア支援プロジェクト事前調査．トラウマティック・ストレス 8（1），55-63.

冨永良喜・小林朋子・吉沅洪・高橋哲・有園博子（2010）：大規模災害直後における海外からの心理支援のあり方の検討．心理臨床学研究，28，129-139.

冨永良喜・三浦光子・山本奨・大谷哲弘・高橋哲・小澤康司・白川美也子・渡部友晴（2012）：大規模災害後の子どものこころのサポート授業，トラウマティック・ストレス10（1），11-16.

冨永良喜・三好敏之・中野弘治（1995）：からだは語る・からだに語る．阪神淡路大震災：動作法による被災者の心のケア実践報告．リハビリテイション心理学研究，21，57-95.

冨永良喜・小澤康司（2005）：「心のケア」とストレスマネジメント　新潟市医師会報，406，1-5.

冨永良喜・小澤康司・高橋哲（2005）：こころとからだのストレス・アンケート．災害・事件後の心のケアのあり方Part Ⅱ．43-45　平成16年度兵庫教育大学学長裁量経費研究報告書（研究代表者・冨永良喜）

冨永良喜・高橋哲（2005）：子どものトラウマとストレスマネジメント．トラウマティック・ストレス，3（2），37-43.

冨永良喜・高橋哲・小林朋子・吉沅洪・小澤康司・織田島純子・岡崎順子・高橋光恵・矢嶋郁代・張磊・黄正国（2008）：中国・四川大地震の心のケア

チーム日本（日本心理臨床学会・日本臨床心理士会）の活動，臨床心理学, 8（5), 689-693.

冨永良喜・高橋哲・小澤康司（2010）：災害・事故後の心理教育のためのトラウマティック・ストレス尺度（Post Traumatic Stress Reactions Scale for Psychoeducation: PTSR-ed）の作成の試み——台風23号豪雨災害被災地の小学4年生から中学3年生を対象に．ストレスマネジメント研究，7（1), 3 -8.

冨永良喜・高橋哲・吉田隆三・住本克彦・加治川伸夫（2002）：子ども版災害後ストレス反応尺度（PTSSC15）の作成と妥当性——児童養護施設入所児童といじめ被害生徒を対象に，発達心理臨床研究, 8, 29-36.

津田彰（2005）：ストレスの内容・考え方の推移．竹中晃二（編）ストレスマネジメント——「これまで」と「これから」．ゆまに書房　pp.3-39.

上地安昭（2003）：教師のための学校危機対応実践マニュアル．金子書房

van der Kolk, McFarlane AC, and Weisaeth L（1996）: *Traumatic Stress: The Effects of Overwhelming Experience on Mind, Body, and Society.* Guilford Press. 西澤哲（訳）2001　トラウマティック・ストレス．誠信書房

van Emmerik AA, Kamphuis JH, Hulsbosch AM, Emmelkamp PM（2002）: Single session debriefing after psychological trauma: a meta-analysis. *Lancet*, 360, 766-771.

Vermilyea EG（2000）: *Growing beyond survival. A self-help toolkit for managing traumatic stress.* The Sidran Press.

Walker D（2012）: Responding to The Mental Health Needs of New Orleans Area Children Post-Hurricane Katrina. 日本心理臨床学会第31回大会支援活動委員会企画シンポジウム論集

渡部友晴（2012）：東日本大震災・重災地域におけるスクールカウンセリングの実践——主に表現活動をめぐって．日本心理臨床学会秋季大会シンポジウム「日本と米国による大災害後の子どもの心理支援のあり方をめぐって」

Watson PJ, Shalev AY（2005）: Assessment and treatment of adult acute responses to traumatic stress following mass traumatic events. *CNS Spectr*. 10（2）: 123-131.

Weiss DS & Marmar CR（1997）: The impact of event scale-revised. Wilson JP & Keane TM（Eds.）*Assessing psychological trauma and PTSD*. The Guilford Press, pp.399-411.

山中寛・冨永良喜（2000）：動作とイメージによるストレスマネジメント教育・基礎編——子どもの生きる力と教師の自信回復のために．北大路書房

Zagurski R, Bulling D, Chang R（2005）: *Nebraska Psychological First Aid Curriculum.* Lincoln, NE: University of Nebraska Public Policy Center.

付　録

心とからだの健康観察（31項目版）

名前			学校名			
今日は　　　年　月　日		男・女	年	組	出席番号	

このアンケートは、心と身体の健康をふりかえるためのものです。眠り、イライラ、勉強への集中など、自分の心と身体についてふりかえってみましょう。また、大変なことがあったら、心と身体が色々変化します。それはとても自然なことです。でも、その変化が強く続くと、毎日の生活が楽しくなかったり、安心できません。その変化には「こうすればいい」というやり方があります。自分の心と身体の変化を知って、よりよい対処をしましょう。また、アンケートをみて、やりたくないと思った人は、むりに、やらなくてもいいです。途中でやめたくなったら、やめてもかまいません。それでは、落ち着いて、回答して下さい。

	この1週間（先週から今日まで）に、つぎのことがどれくらいありましたか？　あてはまる数字に○をしてください。	ない ない（0）	少しある 1・2日 ある（1）	かなりある 3-5日 ある（2）	非常にある ほぼ毎日 ある（3）
1	なかなか、眠れないことがある	0	1	2	3
2	なにかをしようとしても、集中できないことがある	0	1	2	3
3	むしゃくしゃしたり、いらいらしたり、かっとしたりする	0	1	2	3
4	からだが緊張したり、感覚がびんかんになっている	0	1	2	3
5	小さな音やちょっとしたことで、どきっとする	0	1	2	3
6	あのこと（大震災やほかの大変なこと）が頭から、離れないことがある	0	1	2	3
7	いやな夢や、こわい夢をみる	0	1	2	3
8	夜中に目がさめて眠れないことがある	0	1	2	3
9	ちょっとしたきっかけで、思い出したくないのに、思い出してしまう	0	1	2	3
10	あのことを思い出して、どきどきしたり、苦しくなったりする	0	1	2	3
11	あのことは、現実のこと・本当のことと思えないことがある	0	1	2	3
12	悲しいことがあったのに、どうして涙がでないのかなと思う	0	1	2	3
13	あのことは、できるだけ考えないようにしている	0	1	2	3
14	あのことを、思い出させる場所や人や物には近づかないようにしている	0	1	2	3
15	あのことについては、話さないようにしている	0	1	2	3

	ない	少しある	かなりある	非常にある
	ない(0)	1・2日ある(1)	3-5日ある(2)	ほぼ毎日ある(3)
16	自分が悪い（悪かった）と責めてしまうことがある	0	1	2	3
17	だれも信用できないと思うことがある	0	1	2	3
18	どんなにがんばっても意味がないと思うことがある	0	1	2	3
19	楽しかったことが楽しいと思えないことがある	0	1	2	3
20	自分の気持ちを、だれもわかってくれないと思うことがある	0	1	2	3
21	頭やお腹が痛かったり、からだの調子が悪い	0	1	2	3
22	ご飯がおいしくないし、食べたくないことがある	0	1	2	3
23	なにもやる気がしないことがある	0	1	2	3
24	授業や学習に集中できないことがある	0	1	2	3
25	カッとなってケンカしたり、乱暴になってしまうことがある	0	1	2	3
26	学校を遅刻したり休んだりすることがある	0	1	2	3
27	だれかに話をきいてもらいたい	0	1	2	3
28	学校では、楽しいことがいっぱいある	0	1	2	3
29	私には今、将来の夢や目標がある	0	1	2	3
30	ゲーム、携帯、インターネットなどはやりすぎないように気をつけている	0	1	2	3
31	友だちと遊んだり話したりすることが楽しい	0	1	2	3

「あのこと」（6,10,11,13,14,15）と聞かれて、あなたは何を思いうかべましたか？

1 大震災　　2 そのほかのこと　　3 両方　　4 思いうかばなかった

1,このアンケートをして気づいたことや、いまの気持ちを書ける人は書いてください。

2,この授業の感想を書いてください。

◆ 著者紹介

冨永良喜（とみなが・よしき）

1952年生まれ。鹿児島大学卒業、九州大学大学院修了。現在、兵庫教育大学大学院学校教育研究科教授。博士（心理学）、臨床心理士。専門はストレスマネジメント教育、危機カウンセリング。自然災害や虐待などの暴力・犯罪により傷ついた子どもたちへの心理的支援のほか、トラウマへの心理療法としてのイメージ動作療法、犯罪遺族の支援、地震や津波・台風災害などの自然災害後の心のケアに従事している。主な著書に『大災害と子どもの心──どう向き合い支えるか』（岩波書店）、共著に『トラウマとPTSDの心理援助──心の傷に寄りそって』（金剛出版）、『かばくんのきもち──災害後のこころのケアのために』（遠見書房）、『ポスト3・11の子育てマニュアル──震災と放射能汚染、子どもたちは何を思うのか?』（講談社）などがある。

災害・事件後の子どもの心理支援
──システムの構築と実践の指針

2014年3月10日　第1版第1刷発行

著　者	冨永良喜
発行者	矢部敬一
発行所	株式会社　創元社 本　　社　〒541-0047大阪市中央区淡路町4-3-6 　　　　　TEL.06-6231-9010（代） 　　　　　FAX.06-6233-3111 東京支店　〒162-0825東京都新宿区神楽坂4-3 　　　　　煉瓦塔ビル 　　　　　TEL.03-3269-1051 　　　　　http://www.sogensha.co.jp/
印　刷	亜細亜印刷株式会社

ⓒ2014 Printed in Japan　　ISBN978-4-422-11573-3 C3011
〈検印廃止〉
落丁・乱丁のときはお取り替えいたします。定価はカバーに表示してあります。

JCOPY　〈(社)出版者著作権管理機構　委託出版物〉
本書の無断複写は著作権法上での例外を除き禁じられています。複写される場合は、そのつど事前に、(社)出版者著作権管理機構（電話03-3513-6969、FAX03-3513-6979、e-mail: info@jcopy.or.jp）の許諾を得てください。

災害の心理
隣に待ち構えている災害と
あなたはどう付き合うか

清水將之［著］

ベテランの児童精神科医が、災害支援活動に携わった経験をもとに、災害とは何か、それが人の心にどのような影響を及ぼすか、どのように対応すればよいのか、事例や見聞例をあげつつ平易に解説する。自然災害だけでなく、人為的な事故・虐待などについても、トラウマや心のケアについて分かりやすく説く。

四六判・228頁・定価（本体1,800円＋税）
ISBN978-4-422-11376-0